Maravillas

MI LIBRO DE LECTURA Y ESCRITURA

McGraw Hill

COVER: Nathan Love, Erwin Madrid

mheducation.com/prek-12

McGraw Hill

Send all inquiries to:
McGraw-Hill Education
Two Penn Plaza
New York, New York 10121

ISBN: 978-0-07-702837-4
MHID: 0-07-702837-6

Printed in the United States of America.

8 9 10 LON 25

¡Bienvenidos a Maravillas!

Lee textos apasionantes de **Literatura**, **Ciencias** y **Estudios Sociales**.

- ★ **APRENDE** acerca del mundo que te rodea.
- ★ **PIENSA**, **HABLA** y **ESCRIBE** sobre géneros literarios.
- ★ **COLABORA** en charlas e investigaciones.
- ★ **¡EXPRÉSATE!**

my.mheducation.com

Con tus datos de acceso podrás leer textos, practicar gramática y ortografía, explorar proyectos de investigación y mucho más.

UNIDAD 6

GÉNERO 1 TEXTO EXPOSITIVO

ESTUDIOS SOCIALES

Kevin Zimmer

Recursos digitales Consulta este libro electrónico y otros recursos en **my.mheducation.com**

GÉNERO 2 DRAMA/MITO

UNIDAD 6

GÉNERO 3 POESÍA

Samuel Borges Photography/Shutterstock.com

CONCLUSIÓN DE LA UNIDAD

ESTUDIOS SOCIALES

LO QUE APRENDISTE

AMPLÍA LO QUE APRENDISTE

EVALÚA TU PROGRESO

Coméntalo

Pregunta esencial

¿Cómo usamos el dinero?

COLABORA

ESTUDIOS SOCIALES

Con el dinero compramos mercancías, por ejemplo comida. También lo usamos para pagar por obtener servicios, como las clases particulares.

La niña de la foto está comprando un libro. Conversa con un compañero sobre mercancías y servicios en los que las familias emplean el dinero. Haz una lista en la tabla.

Mercancías	Servicios

LECTURA COMPARTIDA

TOMA NOTAS

Hacer preguntas te ayuda a determinar qué quieres aprender, es decir, tu propósito de lectura. Escribe tus preguntas aquí:

____

____

____

A medida que lees, toma nota de:

Palabras interesantes ______

____

____

Detalles clave ______

____

____

La vida de un billete de un dólar

Pregunta esencial

¿Cómo usamos el dinero?

Lee sobre cómo circula un billete de un dólar.

(t) Kevin Zimmer; (c) Jacobs Stock Photography/Digital Vision/Getty Images

Impresión del dólar

Un día, se imprime un billete de un dólar en la Oficina de Grabado e Impresión de Estados Unidos. El billete se imprime en una máquina que se **inventó**, o se creó, para ahorrar tiempo. La máquina imprime muchos billetes al mismo tiempo.

La Oficina de Grabado e Impresión de Estados Unidos imprime billetes de un dólar todos los días.

Vamos a seguir la ruta del billete. El billete se envía a un banco grande y luego a un banco local. En este banco de barrio, una familia va a sacar plata. Le dan el billete a un niño como mesada.

El niño lleva el billete a la librería. Mira **precios** para saber cuánto cuestan los libros. Luego decide qué **comprar**. Encuentra un libro, ¿pero **vale** ese dinero? No está seguro. El niño ve la parte de atrás del libro y piensa en el precio. Luego de **valorar** la compra, decide que el precio es adecuado, así que entrega su **plata** a cambio del libro.

(t) Joe Raedle/Getty Images News/Getty Images; (b) Kevin Zimmer

TEXTO EXPOSITIVO

BUSCAR EVIDENCIAS

Leer

Párrafo 1

Subtítulos y gráficas

Encierra en un círculo el nombre que da el autor a esta sección del texto. **Subraya** detalles sobre la máquina que imprime billetes.

Párrafo 2

Claves en el párrafo

Busca y escribe una clave para entender qué significa *local.*

____

Párrafo 3

Problema y solución

Encierra en un cuadrado cómo decide el niño que el precio del libro es adecuado.

Releer

Técnica del autor

¿Cómo organiza el autor los sucesos del texto?

LECTURA COMPARTIDA

BUSCAR EVIDENCIAS

Leer

Párrafos 1 y 2

Resumir

Subraya detalles que describen cómo recibe y usa el billete la niña. Resume cómo viaja el billete.

____

____

____

Párrafo 3

Problema y solución

Encierra en un círculo por qué el hombre cambia el billete por uno nuevo.

Releer

Técnica del autor

¿Cómo te ayuda el autor a entender cuándo un billete ya no se puede usar?

El billete viaja

Luego, una niña compra una tarjeta de cumpleaños en la librería. Recibe el billete como vuelto. Lo lleva a su casa y lo guarda en su alcancía.

Cuando la niña quiere ver una película, saca el billete de su alcancía. Lo usa para pagar la entrada. Y el billete continúa su viaje.

Pasan más de cinco años y ahora un hombre recibe el billete. Está rasgado y gastado. El hombre no sabe si el billete se puede usar. ¿Qué sucede con el billete roto? El hombre lo lleva al banco más cercano y lo cambia por uno nuevo.

Promedio de duración de los billetes en EE. UU.

Diciembre 2013 • Fuente: Reserva federal de EE. UU.

Reemplazo del billete

Una máquina tritura más de 6 mil millones de billetes gastados por año.

El billete viejo vuelve al banco grande donde los trabajadores deciden que no se puede volver a usar. Lo destruyen en una máquina trituradora que lo corta en pedacitos pequeños.

En la Oficina de Grabado e Impresión de Estados Unidos, se imprime un billete nuevo para reemplazar al viejo. Los trabajadores llevan **registro** de los billetes que se imprimen y se destruyen. Buscan que haya suficientes billetes en el **sistema** para que se pueda comprar y vender.

Cuando veas un billete de un dólar, piensa en dónde ha estado y hacia dónde va. Cada billete tiene una vida útil y agitada.

Resume

Usa los detalles más importantes de "La vida de un billete de un dólar" para resumir oralmente cómo pasa el dinero de una persona a la otra.

TEXTO EXPOSITIVO

BUSCAR EVIDENCIAS

Leer

Párrafo 1

Resumir

Encierra en un círculo detalles que indican qué sucede después con el billete. Resume lo que sucede.

____

____

Párrafo 2

Problema y solución

Subraya evidencia del texto que explica por qué la Oficina de Grabado e Impresión de EE. UU. reemplaza el billete viejo.

Releer

Técnica del autor

¿Cómo logra el autor al final hacerte pensar más en la vida de un billete?

Vocabulario

A partir de las oraciones, conversa con un compañero acerca de cada palabra. Luego, responde las preguntas.

comprar

Sam va a **comprar** algo para comer.

¿Qué te gustaría comprar?

____

____

inventar

Thomas Edison **inventó** la bombilla eléctrica.

¿Qué otras cosas que se inventaron conoces?

____

____

Tu lista de palabras Elige una palabra interesante que anotaste mientras leías. Busca su definición en un diccionario impreso o en línea.

plata

Emilio gastó toda su **plata** en un regalo.

¿Dónde se guarda la plata normalmente?

____

____

precio

Marta miró el **precio** de las zapatillas.

¿Qué tiene un precio mayor: un libro o una bici?

____

____

____

registro

Nuestro maestro lleva el **registro** de quiénes vienen a la escuela.

¿De qué llevas tú un registro?

____

____

____

sistema

La maestra tiene un buen **sistema** para enseñar a leer.

¿Qué sistema tienes para estudiar?

____

____

valer

Una banana **vale** veinte centavos.

¿Qué moneda vale más que una de un centavo?

____

____

valorar

Las joyas se pueden **valorar** para venderlas.

¿Qué se puede valorar más caro que las joyas?

____

____

Claves en el párrafo

Para entender una palabra nueva, busca claves en el párrafo. Las claves son otras oraciones o palabras que explican el significado de la palabra nueva.

BUSCAR EVIDENCIAS

No sé el significado de trituradora. *En la oración leo las frases* Lo destruyen *y* lo corta en pedacitos pequeños. *Entiendo que* trituradora *significa "máquina que destruye algo cortándolo en pedacitos".*

Lo destruyen en una máquina trituradora que lo corta en pedacitos pequeños.

Tu turno Usa las claves en el párrafo para descubrir el significado de estas palabras.

vuelto, página 4 ______________________

rasgado, página 4 ______________________

Resumir

Para resumir una selección cuentas solamente los detalles más importantes. Eso te ayuda a recordar lo que leíste.

Acuérdate

Busca los detalles que te ayuden a comprender lo que el autor explica o describe. Luego conecta los detalles y cuéntalos con tus palabras para resumir.

BUSCAR EVIDENCIAS

Después de leer la página 3 de "La vida de un billete de un dólar", voy a resumir lo que leí para asegurarme de haberlo entendido.

Página 3

Vamos a seguir la ruta del billete. El billete se envía a un banco grande y luego a un banco local. En este banco de barrio, una familia va a sacar plata. Le dan el billete a un niño como mesada.

Leo que el billete de un dólar envía a un banco grande y, después, a un banco local. Luego, un niño recibe el billete.

COLABORA

Tu turno Vuelve a leer el último párrafo de la página 3. Resúmelo.

____

____

____

Subtítulos y gráficas

"La vida de un billete de un dólar" es un texto expositivo. Presenta datos e información sobre un tema. El autor incluye elementos del texto como subtítulos y una gráfica de barras.

BUSCAR EVIDENCIAS

Sé que "La vida de un billete de un dólar" es un texto expositivo. Da información sobre el dinero. Los elementos del texto dan más información sobre los billetes.

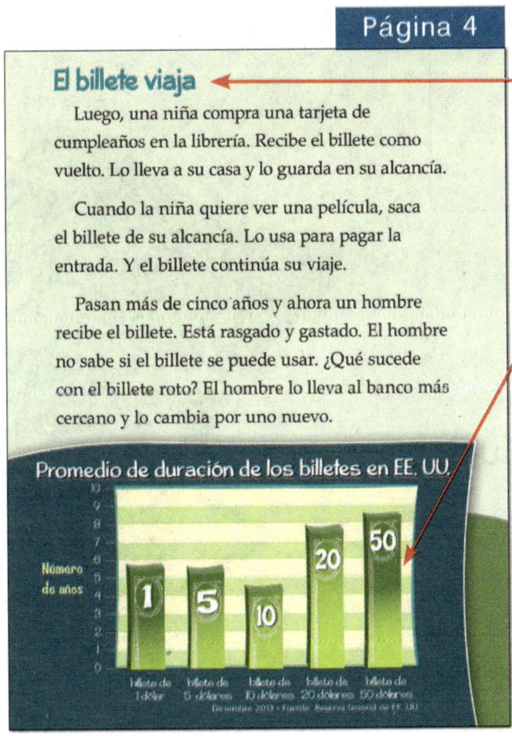
Página 4

El billete viaja

Luego, una niña compra una tarjeta de cumpleaños en la librería. Recibe el billete como vuelto. Lo lleva a su casa y lo guarda en su alcancía.

Cuando la niña quiere ver una película, saca el billete de su alcancía. Lo usa para pagar la entrada. Y el billete continúa su viaje.

Pasan más de cinco años y ahora un hombre recibe el billete. Está rasgado y gastado. El hombre no sabe si el billete se puede usar. ¿Qué sucede con el billete roto? El hombre lo lleva al banco más cercano y lo cambia por uno nuevo.

Subtítulo
Un subtítulo indica de qué trata una sección de un texto.

Gráfica
Una gráfica de barras te ayuda a comparar la información con números.

COLABORA

Tu turno Compara los billetes en la gráfica. ¿Cuáles duran más? ¿Cómo lo sabes?

Acuérdate

El título de una gráfica de barras te ayuda a entender qué información muestra. En el título de la gráfica de barras de la página 4, las palabras *Promedio de duración* significan el tiempo aproximado que dura un billete antes de romperse.

Problema y solución

Cierta información de un texto expositivo puede presentarse como un problema. La solución es la forma de resolverlo.

BUSCAR EVIDENCIAS

Cuando leo la página 4 de "La vida de un billete de un dólar", encuentro un problema: un billete está rasgado y gastado. Esto es un problema porque la gente no sabe si puede usarlo.

Problema

Un billete está rasgado y gastado.

COLABORA

Tu turno Vuelve a leer la selección. Piensa en los pasos para llegar a la solución y, luego, en la solución. Consulta las notas que tomaste para ayudarte a completar el organizador gráfico.

Kevin Zimmer

Problema

Un billete está rasgado y gastado.

Pasos para la solución

1

2

3

Solución

Releer | LECTURA COMPARTIDA

Responder a la lectura

COLABORA

Comenta la pregunta de abajo y contéstala. Piensa en el modo en que el autor presenta la información en el texto. Consulta tus notas y el organizador gráfico.

¿Cómo organiza la información el autor para ayudarte a entender la vida de un billete de un dólar?

____

____

____

____

____

____

____

____

____

Acuérdate

Completa estas oraciones para organizar la evidencia del texto.

El autor organiza la información en...

El autor describe sucesos...

Primero, el autor explica...

El autor usa una gráfica de barras para...

Enlace gramatical

Escribe comas para enumerar una serie de sucesos o elementos. Por ejemplo: *Un billete se imprime, se usa, se gasta, se destruye y se reemplaza.*

ESTUDIOS SOCIALES

Materiales visuales

Se pueden usar **materiales visuales** para mostrar cómo se relaciona cierta información. Un diagrama de flujo muestra la información en una secuencia, es decir, paso a paso. Estos diagramas pueden tener palabras e imágenes. Mira el diagrama de flujo sobre "La vida de un billete de un dólar" y completa el paso que falta.

Acuérdate

Cuando las personas ganan dinero con las mercancías o los servicios que producen, las llamamos *productores*. Cuando gastan dinero, las llamamos *consumidores*.

Se imprime un billete de un dólar.	→	Un niño recibe el billete y compra un libro.	→		→	El billete se gasta y se destruye.

COLABORA

Diagrama de flujo del dinero Haz un diagrama de flujo con información sobre productores y consumidores. Muestra cómo ganan dinero las personas y cómo lo gastan.

- Ordena los sucesos en una secuencia.
- Haz un dibujo o usa una foto para mostrar cada suceso.
- Puedes ordenar los recuadros en círculo para mostrar cómo circula el dinero, es decir, cómo pasa de una persona a otra.

Releer | TEXTO PRINCIPAL

Locura por el dinero

¿Cómo comparte información el autor para captar la atención del lector?

Antología de literatura, páginas 494-513

COLABORA

Coméntalo Vuelve a leer las páginas 496 y 497. Comenta cómo el autor llama la atención de los lectores.

Cita evidencias Busca detalles en el texto de las páginas 496 y 497 para completar la tabla de abajo.

Hacer inferencias

¿Por qué el autor quiere que te imagines un mundo sin dinero?

Página	Ejemplo	Cómo el autor capta la atención del lector
496	"Imagina un mundo sin dinero."	El autor da una orden directa al lector.
496	"...¿cómo conseguirías los ingredientes para el pan?"	
497	"...tú tendrías que fabricarla."	

Escribe El autor capta mi atención al ______________________________

____

¿Cómo te ayudó el autor a entender por qué se inventaron las monedas y el papel moneda?

COLABORA

Coméntalo Vuelve a leer las páginas 503 y 504. Conversa con un compañero sobre lo que aprendiste acerca del dinero.

Cita evidencias Escribe acerca de las ilustraciones y los detalles que incluyó el autor para explicar por qué se inventaron las monedas y el papel moneda.

Página 503	Página 504

Escribe El autor me ayudó a entender que ______________________

____

____

Acuérdate

A medida que leas, completa estas oraciones para hablar sobre el dinero.

Las rocas son de tamaños diferentes pero...

Las monedas pueden...

Transportar muchas monedas es...

El papel moneda es...

Combinar información

¿Cuáles son algunas de las formas más antiguas de dinero? ¿Por qué las monedas de metal eran más fáciles de usar que estas formas de dinero?

¿Cómo te ayuda el gráfico de la página 509 a comprender la información del texto?

Coméntalo Vuelve a leer la página 509. Describe los pasos necesarios para comprar cosas en línea.

COLABORA

Cita evidencias Completa el diagrama de Venn para indicar los parecidos y diferencias entre el papel moneda y el dinero digital.

Acuérdate

La información que se muestra en los elementos del texto puede confirmar tu comprensión de las ideas del texto.

Papel moneda | Ambos | Dinero digital

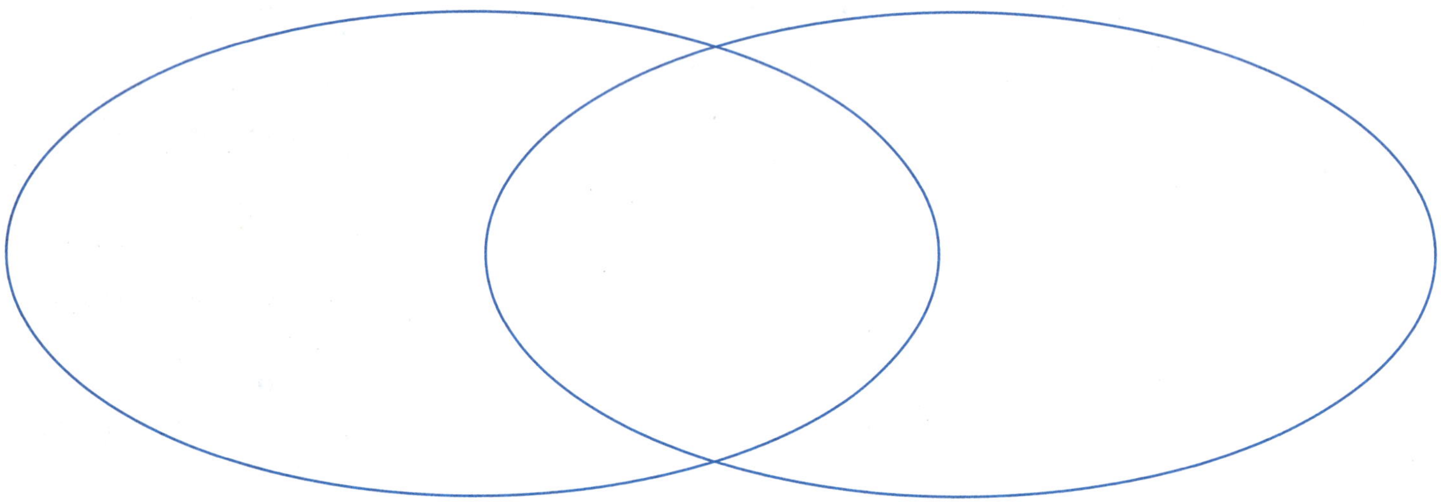

Escribe El gráfico de la página 509 me ayuda a comprender ______________________________

____

____

Responder a la lectura

COLABORA

Comenta la pregunta de abajo. Para responderla, piensa en todas las partes del texto, incluidas las palabras, las ilustraciones y otros elementos del texto.

¿Cómo te ayuda el autor a comprender por qué la gente usa dinero?

Acuérdate

Completa estas oraciones para organizar la evidencia del texto.

El autor describe...

El autor usa ilustraciones...

El gráfico muestra...

Mis lecturas

Elige un libro. Lee las primeras dos páginas. Si no comprendes cinco palabras o más, elige otro libro que puedas seguir leyendo durante más tiempo. Escribe en tu cuaderno de escritura el título, el nombre del autor, el género y tu propósito para la lectura.

El rey Midas y el toque dorado

Hace muchos años, el rey Midas vivía en un magnífico palacio con un hermoso jardín de rosas. Tenía una hija a la que quería mucho.

Un día, el rey Midas hizo una obra buena por un amigo, quien lo premió concediéndole un deseo. El rey Midas quería hacerse rico, pero no deseaba plata. No quería comprar joyas y mercancías. Él quería en cambio riquezas que el dinero no podía comprar. Lo que el rey deseaba era que todo lo que tocara se convirtiera instantáneamente en oro.

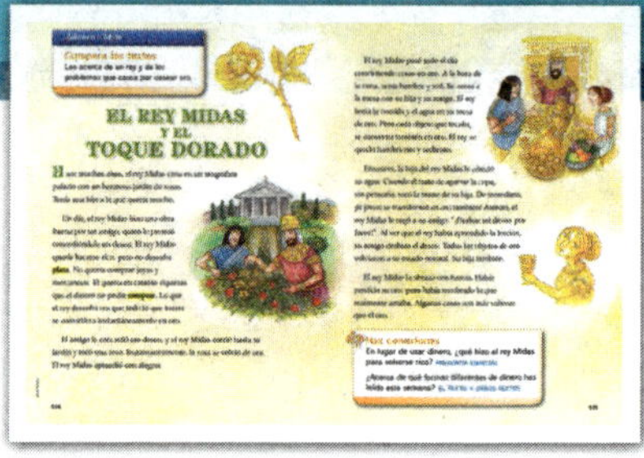

Antología de literatura, páginas 514–515

Vuelve a leer los primeros dos párrafos del cuento. **Encierra en un cuadrado** la descripción del lugar donde vive el rey.

¿Qué suceso principal ocurre al principio del cuento?

____

____

____

Subraya dos detalles que muestran lo que quiere el rey Midas. **Encierra en un círculo** el deseo que pide el rey Midas.

COLABORA

Comenta con un compañero por qué el autor comienza el cuento describiendo dónde vivía el rey Midas. Respalda tus ideas con evidencia del texto.

El rey Midas tenía la comida y el agua en su mesa de oro. Pero cada objeto que tocaba, se convertía también en oro. El rey se quedó hambriento y sediento.

Entonces, la hija del rey Midas le ofreció su agua. Cuando él trató de agarrar la copa, sin pensarlo, tocó la mano de su hija. De inmediato, ¡la joven se transformó en oro también! Atónito, el rey Midas le rogó a su amigo: "¡Deshaz mi deseo, por favor!". Al ver que el rey había aprendido la lección, su amigo deshizo el deseo. Todos los objetos de oro volvieron a su estado normal. Su hija también.

El rey Midas la abrazó con fuerza. Había perdido su oro, pero había recobrado lo que realmente amaba. Algunas cosas son más valiosas que el oro.

Vuelve a leer el resto del cuento. En los párrafos 1 y 2, **encierra en un círculo** evidencias del texto que muestran cómo el deseo del rey Midas se convierte en un problema.

Subraya por qué el amigo deshace el deseo. ¿De qué manera esto resuelve el problema del rey Midas?

____

____

____

Encierra en un cuadrado la lección que aprende el rey Midas al final del cuento.

COLABORA

Comenta con un compañero cómo se usa el ambiente de la cena para mostrar que el deseo del rey Midas se vuelve un problema.

Releer | LECTURA COMPLEMENTARIA

¿Por qué el autor comienza y termina el cuento hablando del amor del rey por su hija?

COLABORA

Coméntalo Con un compañero, describan al rey Midas al principio del mito. Luego, descríbanlo al final.

Cita evidencias ¿A quién ama el rey Midas? ¿Qué quiere? Cita evidencias del mito.

Página	Evidencias del texto

Acuérdate

Las evidencias del texto sobre el amor del rey Midas por su hija te ayudan a determinar el tema del cuento.

Escribe El autor comienza y termina el cuento describiendo el amor del rey por su hija porque ______________________

____

____

Selección de palabras

Los verbos de acción y las palabras descriptivas ayudan a los lectores a visualizar y comprender los sucesos del cuento.

BUSCAR EVIDENCIAS

En el párrafo 2 de la página 19, el autor usa el verbo *rogó*. Ese verbo muestra la gran necesidad que tenía el rey Midas de que se deshiciera el deseo. También sirve para mostrar que él aprendió la lección.

Acuérdate

Rogó es el pasado de *rogar*. Significa "pedir algo que se desea mucho". Si alguien ruega por algo es porque teme que la respuesta sea *no*.

> Atónito, el rey Midas le *rogó* a su amigo: "¡Deshaz mi deseo, por favor!". Al ver que el rey había aprendido la lección, su amigo deshizo el deseo.

COLABORA

Tu turno Vuelve a leer la primera oración del último párrafo. ¿Qué palabras describen lo que hace el rey?

¿De qué manera el autor usa la selección de palabras en esta oración para describir cómo se siente el rey Midas?

Integrar | HACER CONEXIONES

¿Qué aprendiste en los textos que leíste y en el poema de abajo sobre la manera en que las personas usan su dinero?

COLABORA

Coméntalo Lee el poema "La mesada de don Gustavo". Conversa con un compañero sobre lo que pasa en el poema. ¿Cómo usa su dinero don Gustavo? ¿Lo malgasta o lo usa bien?

Cita evidencias Con un compañero, **subraya** lo que hace don Gustavo con su dinero. **Encierra en un círculo** las claves que indiquen qué sucede por sus acciones.

Escribe Los textos que leí y este poema me ayudan a comprender ______

Acuérdate

Completa estas oraciones para comentar qué hacen las personas con su dinero:

Necesitan dinero...

Pueden gastar...

Pueden ahorrar...

Piensan...

La mesada de don Gustavo

Don Gustavo escondió un centavo
en un hoyo en la tierra.
Una perra escarbó y se lo llevó.
Escondió otro en una grieta.
Pasó una niña pizpireta
y lo sacó con una paleta.
Así don Gustavo perdió su mesada.
Pobre don Gustavo,
¡se quedó sin nada!

United States Mint image

Integrar | BÚSQUEDA E INVESTIGACIÓN

ESTUDIOS SOCIALES

Presentar el trabajo

COLABORA

Comenta con tu compañero cómo presentar el diagrama de flujo del dinero. Asegúrense de explicar por qué las personas son tanto productoras como consumidoras. Tengan en cuenta la lista de verificación de Comprobar la presentación. Comenten estas oraciones y escriban sus respuestas.

El tío Ted trabaja y gana dinero.

Él compra mi regalo de cumpleaños en la librería.

Mi diagrama muestra que las personas son productoras

porque ______________________________

Todas las personas son consumidoras cuando ______________

____

Me gustaría saber más acerca de ______________

____

Acuérdate

Antes de presentar tu diagrama de flujo, asegúrate de que el texto esté escrito de manera clara para tu público. Comprueba que tus ilustraciones o fotografías sean lo suficientemente grandes para que todos las vean.

Comprobar la presentación

- ☐ Practica tu presentación frente a un amigo.
- ☐ Mira al público.
- ☐ Habla con claridad y lentamente.
- ☐ Señala la información escrita o visual.
- ☐ Asegúrate de que todos puedan ver el diagrama.

Texto modelo

Antología de literatura, páginas 494–513

Características de un informe de investigación

Un texto expositivo informa sobre un tema a los lectores. Un informe de investigación es un tipo de texto expositivo.

- Expone la idea principal en la introducción.
- Tiene párrafos de apoyo que dan información.
- Termina con un enunciado o sección de cierre.

Analiza el texto modelo Estudiar "Locura por el dinero" te ayudará a aprender a escribir un informe de investigación. Vuelve a leer las páginas 506 a 508 de la Antología de literatura. Responde las siguientes preguntas.

¿Qué idea de apoyo expresa el autor en las páginas 506 y 507? ______________________________

____

En la página 508, ¿con qué ejemplo explica esa idea el autor?

____

____

gramatiNOTAS

En la página 495, el autor comienza el texto con una pregunta. Luego, escribe oraciones usando un lenguaje informal. Así los lectores pueden sentir que el autor les habla de un tema que le resulta interesante.

Planificar: Lluvia de ideas

Genera ideas Escribirás un informe de investigación sobre los bancos. ¿Para qué usan las personas los bancos? Haz dibujos y escribe tus ideas en el espacio de abajo. Anota las fuentes de referencia que te ayuden a informarte sobre el tema.

Acuérdate

Un banco permite a las personas ahorrar dinero o pedir dinero en préstamo. Consulta fuentes de referencia en línea para comprender qué servicios pueden prestar los bancos.

Planificar: Elige un tema

COLABORA

Instrucciones Escribe un informe de investigación sobre las maneras en las que personas usan los bancos. Consulta las ideas que anotaste en la página 25 y menciona tres maneras sobre las que quieras aprender más e investigar en tu informe.

1. ____

____

2. ____

____

3. ____

____

Propósito y público La mayoría de los autores escriben informes de investigación porque quieren que los lectores aprendan sobre un tema. Piensa qué puedes compartir sobre los bancos en tu informe. Luego, explica el propósito para escribir tu informe.

Acuérdate

Entre tu público pueden estar tus compañeros o tu familia. La mayoría ha ido a un banco. Mientras escribes, piensa qué querría aprender tu público sobre pedir prestado o ahorrar dinero.

Planificar: Investigación

Generar preguntas Para planificar tu texto, piensa en preguntas que quieras responder en tu informe. Lee la tabla de abajo. El escritor anotó dos preguntas sobre un tema. Agrega una tercera pregunta que pueda usar para buscar información.

Tema Cuentas corrientes
Preguntas
1. ¿Por qué las personas usan una cuenta corriente?
2. ¿Qué hay que escribir en un cheque?
3. ______________________________ ______________________________

Acuérdate

Mira las preguntas sobre tu tema para hallar palabras y frases clave que puedas usar para buscar fuentes de referencia en línea. Recuerda comprobar que tus fuentes sean confiables.

Planificar Haz una tabla como la de arriba para planificar tu informe. Escribe preguntas que tengas sobre tu tema. Reúne información de fuentes de referencia para completar la tabla. También puedes consultar a los miembros de tu familia.

Hacer un borrador

COLABORA

Parafrasea *Parafrasear* es repetir información con tus propias palabras. Al tomar notas de tus fuentes, parafrasear te ayudará a comprender las ideas.

Parafrasea el siguiente texto de "La vida de un billete de un dólar". Asegúrate de cambiar más que un par de palabras.

> Vamos a seguir la ruta del billete. El billete se envía a un banco grande y luego a un banco local. En este banco de barrio, una familia va a sacar plata. Le dan el billete a un niño como mesada.

____

____

Acuérdate

Al parafrasear, recuerda mantener el orden en que ocurren los sucesos.

Haz un borrador Mira las notas que tomaste que respondan las preguntas de tu investigación. Úsalas para escribir un borrador en tu cuaderno.

Recursos digitales

Para aprender más sobre cómo parafrasear, mira "Parafrasea una idea". Entra en **my.mheducation.com.**

Revisar

Longitud de la oración Los escritores usan oraciones largas y cortas para que su texto sea más interesante. Revisa este párrafo. Asegúrate de que tenga oraciones largas y cortas.

Una cuenta corriente es útil y es una manera fácil de pagar dinero que debes. Se puede pagar con cheques a una persona y se puede pagar con cheques a una empresa. Ellos llevan el cheque al banco. Ellos reciben el dinero.

Revisar Es hora de revisar tu borrador. Asegúrate de incluir información que responda a tus preguntas de investigación. Lee el borrador y practica escribiendo oraciones cortas y largas.

Acuérdate

Recuerda que cuando dos oraciones tienen el mismo sujeto, puedes combinarlas. Une los predicados con la conjunción *y*.

Por ejemplo:

***José** escucha música.*
***José** baila.*

***José** escucha música **y** baila.*

tecnoNOTAS

Si investigas tu tema en línea, comprueba si hay elementos interactivos. Un sitio web puede tener elementos interactivos como presentaciones de diapositivas o videos.

Revisar: Charlas entre compañeros

COLABORA

Revisión del borrador Escucha con atención mientras tu compañero lee su texto en voz alta. Comenta lo que te gustó del borrador. Haz sugerencias que ayuden a mejorar su texto.

Sugerencias de compañeros Escribe una de las sugerencias de tu compañero que aplicarás en la revisión de tu informe.

A partir de la sugerencia de mi compañero, voy a ______

______

Después de hacer sugerencias, comenten su charla entre compañeros. ¿Qué fue útil? ¿Qué podrían hacer de otra manera la próxima vez?

______

______

Revisión Consulta la lista de verificación de Comprobar la revisión para decidir qué partes debes modificar, añadir o eliminar. Recuerda que puedes usar las pautas de calificación de la página 33 como ayuda.

Acuérdate

Completa estas oraciones para comentar el trabajo de tu compañero.

Me interesó la investigación porque...

El ejemplo me ayudó porque...

Tengo una pregunta sobre...

Comprobar la revisión

- ☐ ¿Se ajusta mi informe a mi propósito y mi público?
- ☐ ¿Tiene una introducción y una conclusión?
- ☐ ¿Responde mis preguntas sobre el tema?
- ☐ ¿Usé oraciones largas y cortas?

Corregir

Al **corregir** tu texto, buscas errores y los enmiendas. Si lees un borrador varias veces, estarás seguro de no pasar por alto ningún error. Consulta la siguiente lista de verificación de Comprobar la corrección al revisar tus oraciones.

Comprobar la corrección

- ☐ ¿Comienzan todas las oraciones con mayúscula y tienen los signos de puntuación adecuados?
- ☐ ¿Están escritas correctamente las abreviaturas?
- ☐ ¿Se usan los adjetivos correctamente?
- ☐ ¿Se usan las comas en una serie correctamente?
- ☐ ¿Están escritos correctamente los adverbios de tiempo?

Escribe dos errores que hayan encontrado al corregir tu texto.

1. ______________________________

____

2. ______________________________

____

____

Enlace gramatical

Los adjetivos demostrativos indican **una cantidad de algo y qué tan cerca está.**

Usa *este, esta, estos* y *estas* para referirte a los sustantivos singulares y plurales que están cerca: *esta moneda, estos billetes.*

Usa *ese, esa, esos* y *esas* para referirte a los sustantivos singulares y plurales que están algo más lejos: *ese banco, esas cajas.*

Usa *aquel, aquella, aquellos* y *aquellas* para referirte a los sustantivos singulares y plurales que están lejos: *aquel banco, aquellas cajas.*

Publicar, presentar y evaluar

Publicación Crea una copia final limpia y sin errores de tu informe de investigación. Puedes agregar recursos visuales para hacer que tu trabajo sea más interesante.

Presentación Cuando estés listo para presentar tu trabajo, ensaya tu presentación. Consulta la lista de verificación de Comprobar la presentación.

Evaluación Después de publicar y presentar tu informe de investigación, lee las pautas de calificación para evaluarlo.

1. ¿Qué te quedó bien en tu texto? ______________________________

____

____

2. ¿Qué partes requieren más trabajo? ______________________________

____

____

Comprobar la presentación

- ☐ Siéntate o párate erguido.
- ☐ Mira al público.
- ☐ Comparte la información con claridad.
- ☐ Habla a un volumen lo suficientemente alto para que todos te escuchen.
- ☐ Responde a las preguntas con detalles de tu informe de investigación.

Escuchar Al escuchar activamente, prestas atención a lo que oyes. Cuando escuches las presentaciones de otros estudiantes, toma notas que te ayuden a comprender sus ideas.

De la presentación de ....:

aprendí: ____

Preguntas que tengo acerca de la presentación de

....:

____

____

Saber escuchar

- ☐ Mira a la persona que habla.
- ☐ Presta atención a los detalles que responden tus preguntas sobre el tema.
- ☐ Identifica qué cosas hace bien el hablante.
- ☐ Piensa en preguntas que puedas hacer.

4	3	2	1
• Da información y datos interesantes sobre el tema. • Parafrasea bien la información de sus fuentes. • Las oraciones tienen diferentes longitudes. • Tiene pocos errores, o ninguno.	• Da algunos datos e información sobre el tema. • Parafrasea la información de sus fuentes. • Algunas oraciones tienen diferentes longitudes. • Tiene pocos errores.	• Da pocos datos e información incompleta. • Trata de parafrasear información. • Hay pocas oraciones de diferentes longitudes. • Los errores distraen la atención del significado del texto.	• No da datos para explicar el tema. • No parafrasea información de sus fuentes. • Las oraciones no tienen diferentes longitudes. • Tiene muchos errores que hacen que el texto sea poco claro.

Coméntalo

Pregunta esencial

¿Qué nos enseñan los mitos?

COLABORA

¿Conoces el mito de las campanillas? Se dice que tener campanillas dentro de la casa puede traer mala suerte. Algunos mitos se crearon para explicar el origen de las plantas. Otros mitos describen cómo obtuvieron sus nombres.

Trabaja con un compañero para crear sus propios mitos sobre plantas. Expresa tus ideas usando oraciones completas. Escribe tus ideas en la red.

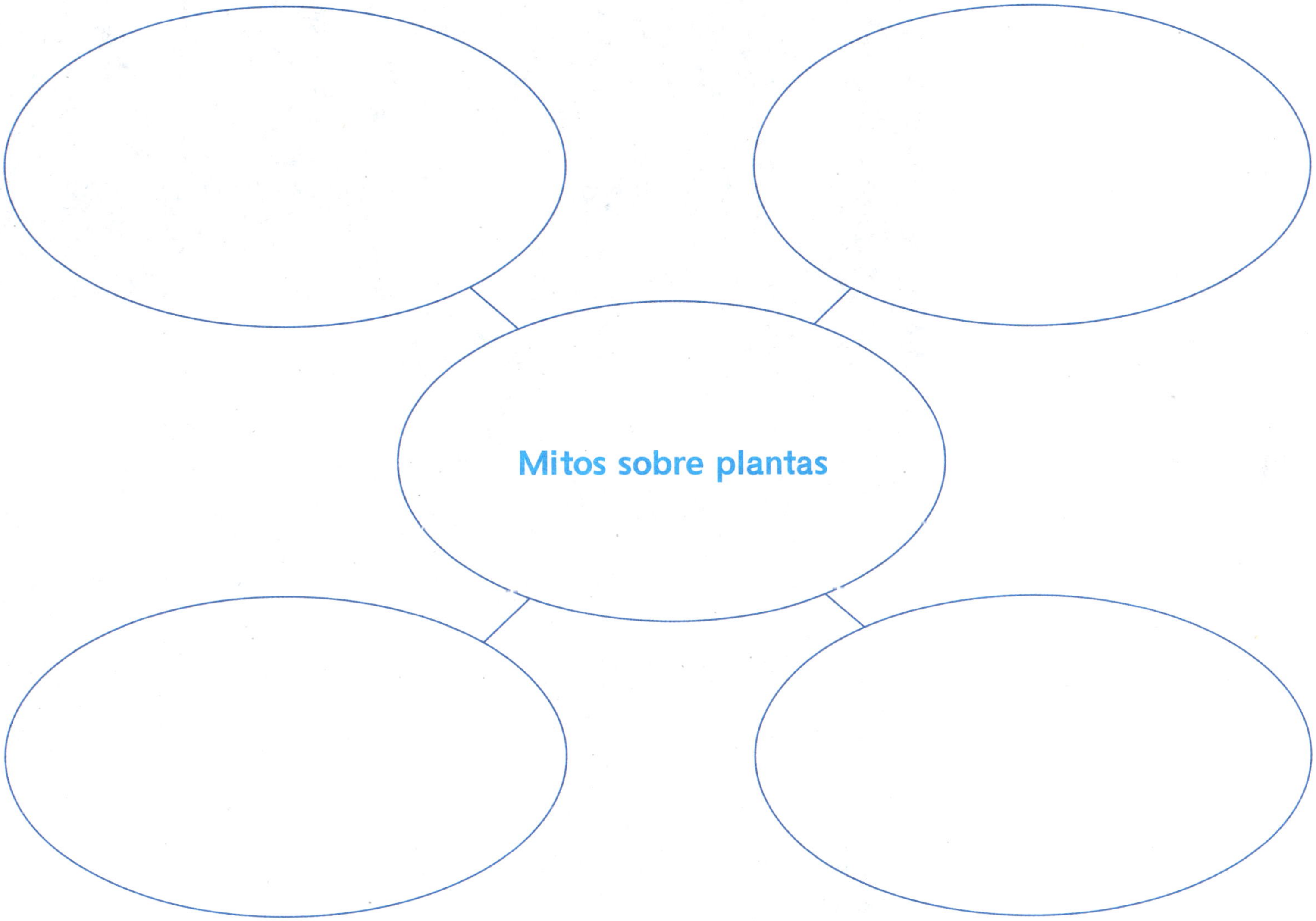

Doug Chinnery/Flickr/Getty Images

TOMA NOTAS

Hacer preguntas te ayuda a descrubrir lo que quieres aprender, es decir, tu propósito de lectura. Escribe tu pregunta aquí.

____

____

____

A medida que leas, toma nota de:

Palabras interesantes _______________

____

____

Detalles clave _______________

____

____

____

El origen de la quinua

PERSONAJES

Narrador
Joven aimara
Tres muchachas estrellas
Cóndor
Otros aimaras

Pregunta esencial

¿Qué nos enseñan los mitos?

Lee un mito sobre el origen de la quinua.

PRIMERA ESCENA

Sembradío de papas. Anochece.

NARRADOR: En un antiguo pueblito aimara, alguien arrancaba plantas de papas durante las noches. Un joven decidió poner manos a la obra para descubrir al ladrón.

JOVEN: Voy a esconderme. Cuando vea al ladrón, tocaré este cencerro para alertar a los jefes. *(Se esconde).*

NARRADOR: A la medianoche, ocurrió algo inesperado. *(Entran tres muchachas y comienzan a arrancar papas).*

JOVEN: (***Susurra***). ¿Quiénes serán? ***Brillan*** como estrellas. Pero debo avisar... *(Agita el cencerro y corre hacia ellas).*

NARRADOR: Pronto se oyeron las voces de los jefes, pero antes de que llegaran, ocurrió algo maravilloso. *(Las muchachas se elevan del suelo y salen volando).*

JOVEN: ¿**Se han convertido** en pájaros? ¿Quiénes son ustedes? *(El joven se queda mirando el cielo).* ¡Son estrellas! *(Llegan hombres con antorchas).*

NARRADOR: El joven se quedó de piedra. No sabía cómo explicarles a los jefes lo que había visto.

BUSCAR EVIDENCIAS

Página 36

Elementos de una obra de teatro

Encierra en un círculo quiénes son los personajes. Escribe el ambiente de la primera escena.

____

____

Primera escena

Modismos

Subraya la frase que indica que el joven pasa a la acción. ¿Para qué lo hace?

____

____

Releer

Técnica del autor

¿Cómo muestra el autor lo que piensa el joven?

LECTURA COMPARTIDA

BUSCAR EVIDENCIAS

Leer

Tema

En el último párrafo, **subraya** lo que las estrellas darán al joven. **Encierra en un círculo** la oración que explica lo que ocurrirá a raíz de eso.

Hacer inferencias

¿Por qué un día el joven se sintió triste?

Releer

Técnica del autor

¿Cómo te ayudan a entender a los personajes las acotaciones entre paréntesis?

SEGUNDA ESCENA

Cocina campestre y prado. El joven prepara algo.

NARRADOR: Movido por su curiosidad, el joven quiso seguir a las estrellas. Entonces llamó al cóndor para que lo llevara al cielo. *(Llega el joven montado en un cóndor. Una de las muchachas se acerca y le entrega un cuenco).*

ESTRELLA 1: Sabíamos que vendrías. ¿Quieres quinua?

JOVEN: *(Se sorprende).* ¿Quinua? ¿Qué es eso?

ESTRELLA 2: El alimento que hace brillar a las estrellas.

JOVEN: ¡Qué rica! Es **dorada**. Y me hace sentir fuerte.

ESTRELLA 3: Porque es muy nutritiva. Aquí tienes más.

NARRADOR: El joven se quedó con las estrellas. Juntos jugaban, reían y cultivaban la quinua. Pero un día, el joven se sintió triste.

JOVEN: ¿Por qué estoy triste si soy tan feliz?

ESTRELLA 1: Tal vez eches de menos a tus padres. Es hora de volver. Te daremos granos de quinua. Su **cultivo** ayudará a **desarrollar** tu comunidad. *(El joven llama al cóndor).*

TERCERA ESCENA

Comunidad aimara. Varias personas señalan el cielo.

NARRADOR: El cóndor voló hacia la tierra, cargando al joven sobre su espalda. El joven miró hacia abajo. ¡Todo se veía tan pequeño! Los **sinuosos** caminos de montaña parecían rayitas marcadas con una uña sobre la tierra. *(Llega el joven sobre el cóndor. Los otros aimaras lo saludan).*

JOVEN: *(Se emociona).* Hoy comienza una nueva **etapa** para nuestra cultura... ¡Vamos a cultivar quinua!

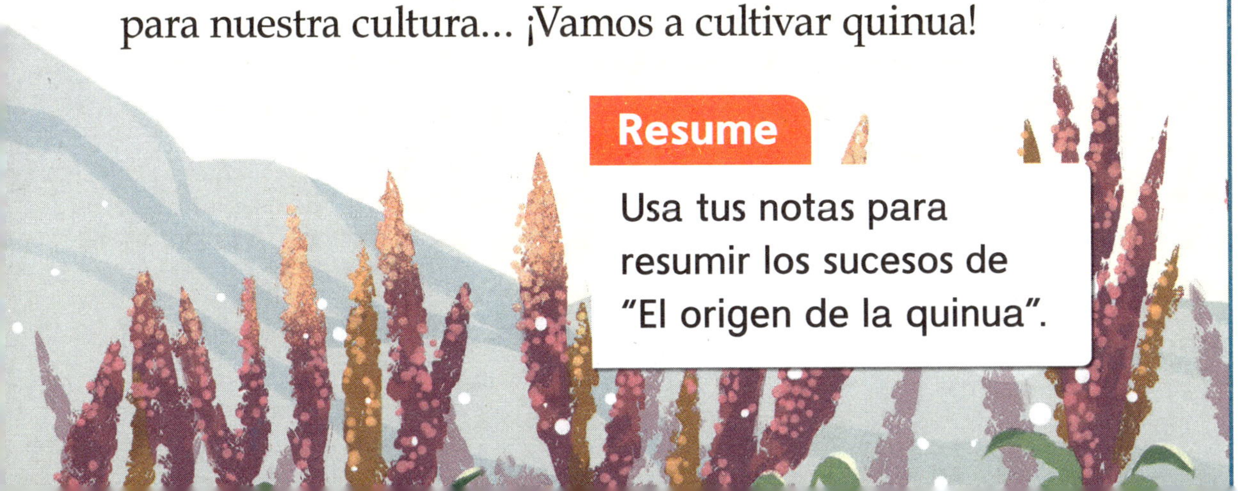

Resume

Usa tus notas para resumir los sucesos de "El origen de la quinua".

BUSCAR EVIDENCIAS

Leer

Volver a leer

Subraya en el último párrafo qué comienza para la cultura aimara. ¿Qué va a pasar?

____

____

Fluidez

Lee por turnos con un compañero las palabras del joven en la tercera escena con expresión. Usen los signos de puntuación y las acotaciones entre paréntesis como ayuda.

Releer

Técnica del autor

¿De qué manera el autor concluye la escena final?

Releer | LECTURA COMPARTIDA

Vocabulario

A partir de las oraciones, conversa con un compañero acerca de cada palabra. Luego, responde las preguntas.

brillar

La luz de la linterna **brillaba** en la oscuridad.

¿Qué cosas brillan?

____

____

convertirse

El renacuajo se **convertirá** en una rana.

¿En qué se convierte la madera si la quemas?

____

____

Tu lista de palabras Encierra en un círculo la palabra *comienza* en la página 39. Escribe sinónimos y antónimos de *comienza* en tu cuaderno de escritura. Consulta un diccionario de sinónimos.

cultivo

Al lado de la ruta había **cultivos** de maíz y trigo.

¿Qué cultivos conoces?

____

____

desarrollar

Voy a **desarrollar** un proyecto de investigación para la escuela.

¿Qué palabra tiene un significado similar a *desarrollar*?

____

____

dorado

El sol brillaba en el cielo como un globo **dorado**.

Nombra cosas que sean doradas.

____

____

etapa

La vida de la mariposa tiene tres **etapas**.

¿En qué etapa es la planta una semilla?

sinuoso

El cartel indica que adelante hay un camino **sinuoso**.

¿Qué caracteriza a un camino sinuoso?

susurrar

Pedro **susurró** a su amiga una pregunta.

¿Cuándo susurras?

Modismos

Los modismos son palabras o frases que tienen diferente significado del que realmente tienen las palabras por separado.

BUSCAR EVIDENCIAS

En la página 37 leo que el joven "se quedó de piedra". Sé que no se convirtió en una piedra, entonces esa frase seguramente sea un modismo. También leo que el joven se quedó mirando el cielo y que no podía explicar lo que sucedía. Creo que este modismo significa que el joven estaba sorprendido, sin saber qué hacer.

El joven se quedó de piedra.

Tu turno Usa claves de contexto para descubrir el significado de este modismo.

Tal vez eches de menos a tus padres,

página 38, ________________

Releer | LECTURA COMPARTIDA

Volver a leer

Al leer, haz pausas y trata de hacer y responder preguntas sobre el cuento. Si no lo consigues, vuelve a leer esas partes para asegurarte de que las comprendas.

Acuérdate

Tal vez necesites volver a leer más de una vez para entender las palabras o ideas.

BUSCAR EVIDENCIAS

No comprendo por qué el joven quiere cultivar quinua. Volveré a leer la página 38 para averiguarlo.

Página 38

ESTRELLA 1: Tal vez eches de menos a tus padres. Es hora de volver. Te daremos granos de quinua. Su **cultivo** ayudará a desarrollar tu comunidad. *(El joven llama al cóndor).*

Leo que una de las estrellas le da al joven granos de quinua para ayudar a su comunidad. Eso explica por qué él quiere cultivar quinua.

COLABORA

Tu turno ¿Por qué decide volver el joven a su comunidad si estaba feliz con las estrellas? Vuelve a leer la página 38 para hallar la respuesta.

____

____

____

Elementos de una obra de teatro

"El origen de la quinua" es un drama, es decir, una obra de teatro, que cuenta un mito. Tiene partes en las que los personajes hablan. Las acotaciones dan información sobre el ambiente o sobre las acciones de los personajes.

Acuérdate

El ambiente es el lugar o los lugares donde ocurren los sucesos. Al leer, presta atención al ambiente porque te ayudará a entender mejor lo que ocurre en la historia y las acciones de los personajes.

BUSCAR EVIDENCIAS

Sé que "El origen de la quinua" es una obra de teatro. El texto está organizado en partes llamadas escenas y hay acotaciones. Los nombres de los personajes se escriben con mayúsculas.

Página 38

SEGUNDA ESCENA

Cocina campestre y prado. La joven prepara algo.

NARRADOR: Movido por su curiosidad, el joven quiso seguir a las estrellas. Entonces llamó al cóndor para que lo llevara al cielo. *(Llega el joven montado en un cóndor. Una de las muchachas se acerca y le entrega un cuenco).*

ESTRELLA 1: Sabíamos que vendrías. ¿Quieres quinua?

JOVEN: *(Se sorprende).* ¿Quinua? ¿Qué es eso?

ESTRELLA 2: El alimento que hace brillar a las estrellas.

JOVEN: ¡Qué rica! Es **dorada**. Y me hace sentir fuerte.

ESTRELLA 3: Porque es muy nutritiva. Aquí tienes más.

NARRADOR: El joven se quedó con las estrellas. Juntos jugaban, reían y cultivaban la quinua. Pero un día, el joven se sintió triste.

JOVEN: ¿Por qué estoy triste si soy tan feliz?

ESTRELLA 1: Tal vez eches de menos a tus padres. Es hora de volver. Te daremos granos de quinua. Su **cultivo** ayudará a **desarrollar** tu comunidad. *(El joven llama al cóndor).*

Diálogo

Veo que los personajes mantienen un diálogo, que son las palabras que dicen en la obra.

COLABORA

Tu turno Vuelve a leer la primera escena. ¿Dónde indica el autor el ambiente? ¿Cuál es la importancia del ambiente en la historia?

____

____

____

____

Tema

El tema de una historia es el mensaje principal que el autor quiere contar al lector. Para hallar el tema, piensa en lo que hacen y dicen los personajes.

Acuérdate

Hazte preguntas sobre los personajes para encontrar claves y el tema. Por ejemplo: *¿Por qué el personaje dice eso? ¿Cómo se siente el joven? ¿Qué aprendió?*

BUSCAR EVIDENCIAS

En la página 37, leo que un joven quiere alertar a los jefes sobre el ladrón de papas y descubre que se trata de estrellas. Esta pista me da una idea sobre el tema.

Clave

Un joven quiere encontrar al ladrón de papas y descubre que se trata de estrellas.

COLABORA

Tu turno Sigue leyendo "El origen de la quinua". Anota otras claves y el tema en el organizador gráfico.

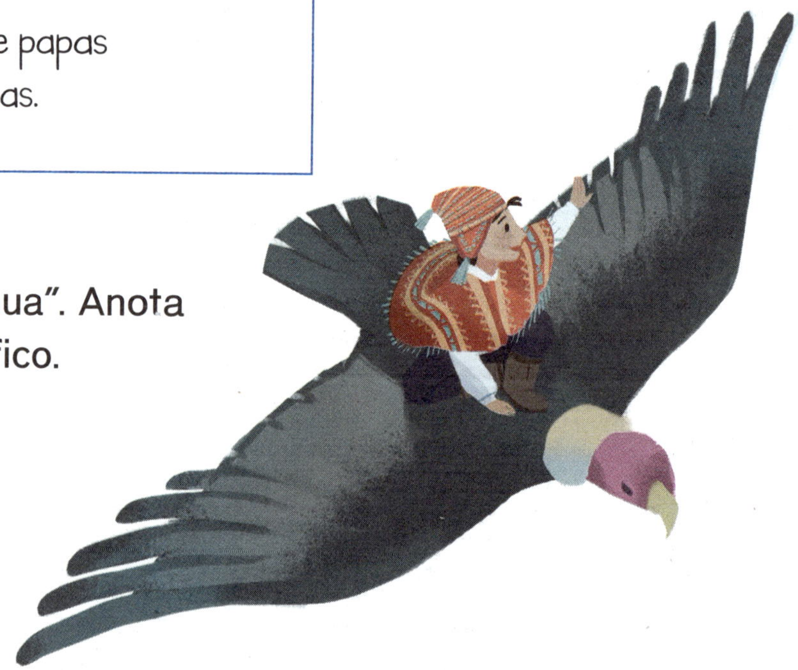

Clave

Un joven quiere alertar a los jefes sobre el ladrón de papas y descubre que se trata de estrellas.

Clave

Clave

Tema

Releer | LECTURA COMPARTIDA

Responder a la lectura

COLABORA

Responde la pregunta de abajo. Piensa en las claves que te ayudaron a descubrir el tema de la obra de teatro. Consulta tus notas y el organizador gráfico.

¿Cómo desarrolla el autor el tema de la obra de teatro a partir del diálogo?

Acuérdate

Completa estas oraciones para organizar la evidencia del texto.

Con el diálogo entre los personajes, el autor muestra...

El narrador describe...

Enlace gramatical

Recuerda que muchas veces puedes describir un modo de hacer algo agregando *-mente* a algunas palabras. Por ejemplo: *triste, tristemente*.

CIENCIAS

Diagramas

Los **diagramas** muestran información por medio de imágenes y rótulos. Un diagrama puede mostrar las diferentes partes de algo y cómo funcionan juntas. Crearás tu propio diagrama acerca de una planta que investigues.

Piensa en una planta que conozcas. ¿Cuáles son sus partes?

____

Acuérdate

Mientras tomas notas para el diagrama, usa imágenes, palabras y números para anotar y organizar tu información.

COLABORA

Diagrama de una planta Con un compañero, investiga sobre una planta. Registra la información sobre sus partes. Averigua de qué forma cada parte hace que la planta se mantenga viva. Luego, dibuja un diagrama de la planta en el que incluyas la información que encontraste.

Mi planta es: _______________________________

Las partes de la planta son: _______________________

____

Haz una lista y comenta las fuentes de tu investigación: _____

____

____

Releer | TEXTO PRINCIPAL

La competencia entre Atenea y Poseidón

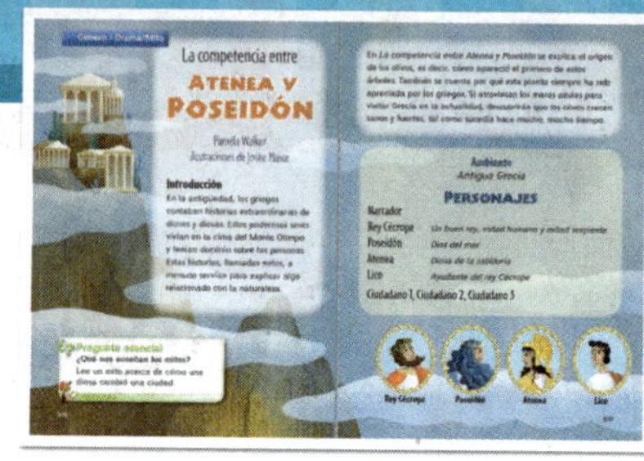

Antología de literatura, páginas 516-531

¿Cómo usa la autora el diálogo y las acotaciones entre paréntesis para presentar a Atenea y Poseidón?

COLABORA

Coméntalo Vuelve a leer las páginas 520 y 521. Comenta lo que aprendiste sobre Atenea y Poseidón.

Cita evidencias Compara y contrasta los personajes. Completa el diagrama con evidencia del texto.

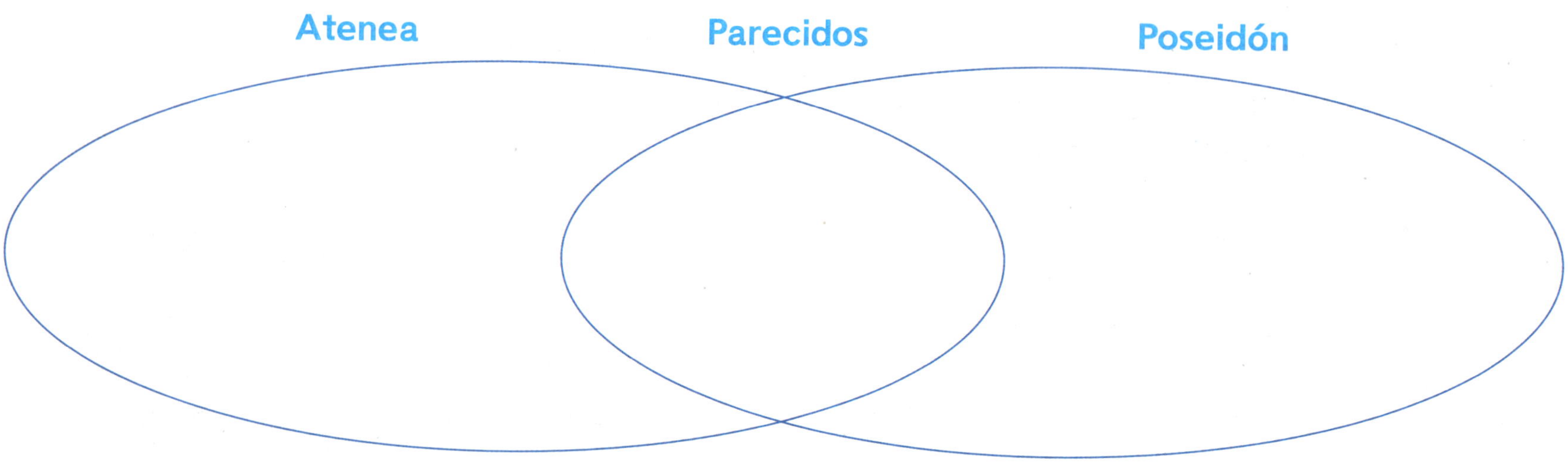

Escribe La autora usa las acotaciones entre paréntesis y el diálogo para mostrar ______________________

____

Hacer inferencias

¿Por qué crees que Atenea se ríe al hablarle a Poseidón? Haz una inferencia.

¿Cómo usa el diálogo la autora para mostrar lo que significa el regalo de Atenea para la ciudad?

COLABORA

Coméntalo Vuelve a ver las páginas 526 y 527. Comenta la canción de Atenea y lo que dicen los ciudadanos sobre su regalo.

Cita evidencias Escribe detalles del diálogo que indiquen que los ciudadanos aprecian, o agradecen, el regalo de Atenea.

Atenea	Ciudadanos

Escribe Con el diálogo, la autora muestra que ______________________

____

____

Acuérdate

En una obra de teatro, los actores llevan a cabo las acciones y el diálogo de los personajes. Las acotaciones y las ilustraciones muestran el ambiente. A medida que vuelves a leer, piensa sobre cómo estos elementos funcionan juntos para contar la historia.

Combinar información

El personaje de Atenea habla y canta. ¿De qué manera ver al personaje y escucharlo te ayuda a comprender esta parte de la historia?

Releer | TEXTO PRINCIPAL

¿Por qué la autora organiza la obra en tres escenas?

COLABORA

Coméntalo Comenta el conflicto entre Atenea y Poseidón y cómo se resuelve.

Cita evidencias Escribe una breve descripción del suceso principal de cada escena. Incluye el conflicto y la resolución.

Escena 1

Escena 2

Escena 3

Escribe El autor organiza la obra en tres escenas para

mostrar ______________________________

____

Hacer inferencias

El autor organiza la historia en tres partes. Tiene un conflicto en la primera escena, una resolución en la segunda escena y una conclusión en la tercera escena.

Responder a la lectura

COLABORA

Comenta la siguiente instrucción. Piensa sobre cómo el autor usa el diálogo para contar una historia con comienzo, desarrollo y final.

¿Cómo emplea el diálogo la autora para ayudarte a comprender por qué los ciudadanos eligen a Atenea como protectora de la ciudad?

Acuérdate

Completa estas oraciones para organizar la evidencia del texto.

Al principio, el diálogo muestra...

Durante la competencia...

Al final,...

Mis lecturas

Elige un texto. Escribe en tu cuaderno de escritura el título, el nombre del autor y el género del libro. A medida que leas, haz conexiones con las ideas de otros textos que hayas leído o con tus propias experiencias. Escribe tus ideas en tu cuaderno de escritura.

Una planta de calabaza

Antología de literatura, páginas 532–535

En el interior de una calabaza

Si has observado a alguien cuando corta una calabaza, habrás visto que tiene muchas semillas. Toda calabaza nace de una semilla. Si plantas la semilla, le ofreces el agua, la luz y el aire que necesita, se transformará en una nueva planta de calabaza.

Las calabazas contienen muchas semillas.

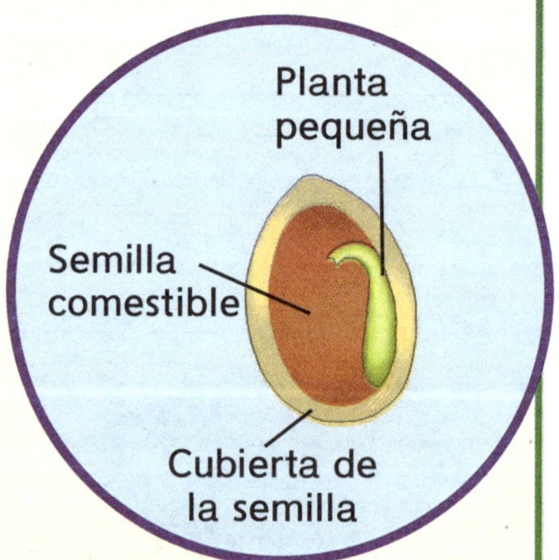

En el interior de la semilla se encuentra todo lo necesario para que crezca una nueva planta de calabaza.

Vuelve a leer la página. ¿Qué puedes encontrar en una planta de calabaza? **Subraya** claves del texto y de las leyendas que respaldan tu respuesta.

____

____

Encierra en un cuadrado lo que necesita una semilla de calabaza para transformarse en una nueva planta.

Encierra en un círculo el rótulo del diagrama que identifica lo que crece dentro de la semilla.

COLABORA

Comenta cómo usa el autor una fotografía y un diagrama para respaldar esta parte del texto.

Tú plantas una semilla de calabaza y la riegas. En unos pocos días, verás un pequeño brote verde sobre la superficie. Las raíces se desarrollan debajo de la superficie.

El brote crece diariamente. Cuando es largo, se convierte en una enredadera. La enredadera se alarga y extiende sobre la tierra. Aparecen unas flores amarillas, que se transformarán en calabazas.

Donde estaban las flores, crecen unas pequeñas calabazas verdes.

Vuelve a leer la página. **Subraya** la primera etapa que explica el autor en el texto.

Encierra en un círculo las palabras y frases que indican tiempo que usa el autor para explicar el ciclo de vida de una calabaza.

¿Qué estructura del texto usa el autor para describir los pasos del ciclo de vida?

____

____

____

COLABORA

Comenta con un compañero cómo usa palabras descriptivas el autor para ayudarte a imaginar el ciclo de vida de una planta de calabaza.

George Grall/National Geographic/Getty Images

¿Por qué el autor organiza "Cómo cultivar calabazas" como una secuencia?

COLABORA

Coméntalo Vuelve a leer la página 533. Comenta cómo la información está organizada en etapas. ¿Cómo te ayuda a explicar cómo cultivar una calabaza?

Cita evidencias Escribe las palabras de secuencia temporal que indican el orden de los pasos para cultivar una calabaza.

______________, forma un montículo en la tierra.
______________, coloca 4 o 5 semillas en la parte superior del montículo.
______________, riega las semillas.
______________, mantén la tierra húmeda.

Escribe El autor pone las etapas de cómo cultivar calabazas, en una secuencia para ______________________________

____

____

Evaluar información

Los autores usan lenguaje literal para dar instrucciones. Los verbos de acciones ayudan a decir exactamente qué hacer. ¿Qué verbos de acciones te ayudan a comprender cómo cultivar una calabaza?

Skystorm/age fotostock

Instrucciones

En un texto expositivo, los autores pueden incluir instrucciones para hacer algo. Las instrucciones explican qué materiales se necesitan y qué pasos hay que seguir. Al dar instrucciones es importante indicar, uno a uno, cada paso del proceso.

Acuérdate

Antes de leer, echa un vistazo al texto. Busca elementos del texto como diagramas, encabezados y pasos numerados. Piensa en las claves que te da cada elemento del texto sobre el tema.

BUSCAR EVIDENCIAS

Vuelve a mirar las instrucciones de la página 533. Con un compañero, túrnate para dar las instrucciones. Vuelve a decir cada instrucción con tus propias palabras. Haz que la secuencia de acciones sea clara.

¿Qué materiales necesitarás para cultivar la calabaza?

____

¿Cuándo crecerá la nueva calabaza? ______________________

____

COLABORA

Tu turno ¿De qué forma las ilustraciones y las leyendas apoyan la información de las instrucciones?

____

____

Integrar | HACER CONEXIONES

¿Qué aprendiste sobre los personajes de mitos antiguos a partir de las obras de teatro que leíste y de la escultura?

COLABORA

Coméntalo Mira la escultura y lee la leyenda. Conversa con un compañero sobre el personaje mitológico Medusa.

Cita evidencias En la leyenda, **subraya** un detalle sobre Medusa que pueda causar miedo. **Encierra en un círculo** las partes de la escultura que muestran ese detalle.

Escribe Las obras de teatro que leí y la escultura de Medusa me ayudan a comprender que los mitos

____

____

____

____

____

____

____

Acuérdate

Completa estas oraciones para hablar acerca de los personajes sobre los que leíste:

Atenea dio olivos a los griegos porque...

Poseidón era...

Con la quinua de las estrellas, el joven...

Esta es una escultura llamada *Medusa,* de Vincenzo Gemito. Medusa era un monstruo de un mito griego. Tenía serpientes en lugar de cabello.

CIENCIAS

Presentar el trabajo

COLABORA

Planea con tu compañero la presentación del diagrama de una planta a la clase. Tengan en cuenta la lista de verificación para Comprobar la presentación para lograr una presentación sólida. Comenta estas oraciones incompletas y escribe tus respuestas.

El diagrama muestra ______________________________

____

Incluí estos rótulos para ______________________________

____

____

____

Puedo describir el ambiente así: ______________________________

____

Acuérdate

Usa un lápiz o una regla para señalar las partes de la planta en el diagrama. Practica para señalar cada rótulo y cada parte con comodidad mientras hablas sobre la planta.

Comprobar la presentación

- ☐ Practica la presentación con tu compañero.
- ☐ Escucha a tu compañero mientras habla.
- ☐ Habla con claridad y con un ritmo natural.
- ☐ Mira tu diagrama, pero también mira a tu público de tanto en tanto.

Coméntalo

Pregunta esencial

¿Adónde te puede llevar la imaginación?

COLABORA

¿Adónde viajaste con tu imaginación? ¿Qué cosas creaste? Tu imaginación te permite hacer muchas cosas.

Conversa sobre lo que sucede en la imagen. Luego, habla sobre lo que te gusta imaginar que podrías hacer. Escribe tus ideas en la red.

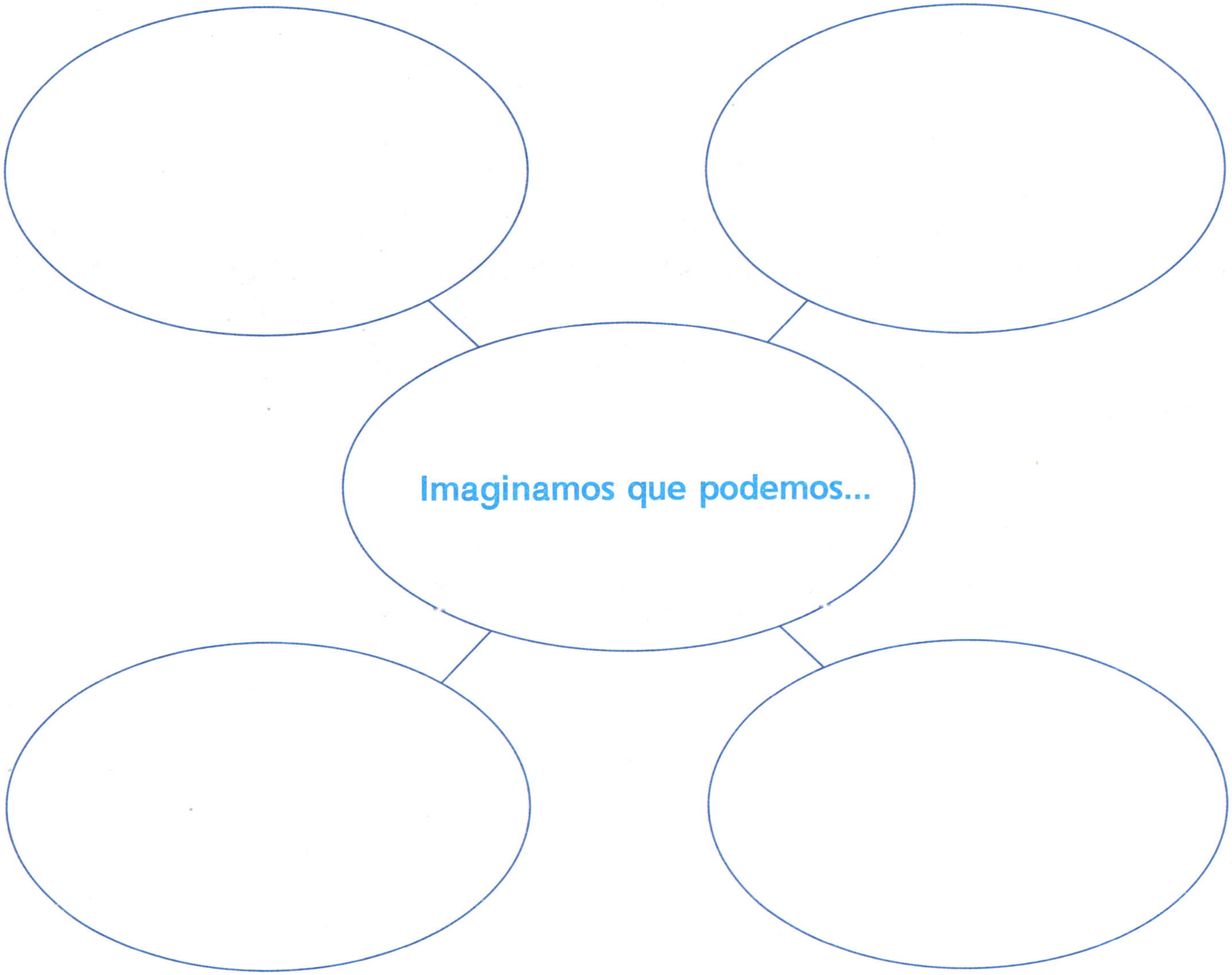

LECTURA COMPARTIDA

TOMA NOTAS

Usa el título y las ilustraciones para predecir de qué tratará uno de los poemas. Escribe tu predicción.

____

____

A medida que leas, toma nota de:

Palabras interesantes ________

____

____

____

Detalles clave ________

____

____

ACUARELA

De mi caja de acuarela
salieron muy tempranito
un globo que vuela y vuela
y un cielo azul muy clarito.

Luego llegaron las nubes:
borreguitos que no balan,
y el sendero de colores
que la lluvia nos regala.

María G. Talón

Pregunta esencial

¿Adónde te puede llevar la imaginación?

Lee cómo los poemas comparten ideas y creatividad.

Sé de un pintor atrevido

Sé de un pintor atrevido
que sale a pintar contento
sobre la tela del viento
y la espuma del olvido.

Yo sé de un pintor gigante,
el de divinos colores,
puesto a pintarle las flores
a una corbeta mercante.

Yo sé de un pobre pintor
que mira el agua al pintar,
el agua ronca del mar,
con un entrañable amor.

José Martí

BUSCAR EVIDENCIAS

Leer

Página 60

Metáforas

Subraya las palabras que describen el arcoíris en el poema.

Página 61

Punto de vista

¿Cuál es el punto de vista de "Sé de un pintor atrevido"? **Encierra en un cuadrado** una palabra que dé la clave.

Estrofa

Subraya la palabra que termina con el mismo sonido que *gigante* en la estrofa 2.

Releer

Técnica del autor

¿Qué te dicen los títulos de los poemas sobre el tema que tratan los poetas?

LECTURA COMPARTIDA

BUSCAR EVIDENCIAS

Leer

Título

Metáfora

¿Qué palabra del título te dice lo que la poeta piensa sobre el lápiz?

____

____

____

Versos 9 a 12

Estrofa

Vuelve a leer la tercera estrofa o grupo de versos. **Subraya** las dos palabras que riman.

Releer

Técnica de la autora

¿Qué palabras del poema describen lo que se puede hacer con un lápiz?

Tu amigo

Mi lápiz quería
aprender a escribir
poemas, canciones,
pero junto a ti.

Escribir mil cuentos
de variados temas,
dibujar las flores
de la primavera.

Y mandarles cartas
a muchos amigos
en sobres azules
y papeles finos.

Dibujar figuras
de lindas sirenas,
de peces mojados
y rientes ballenas.

¿Por qué tu manito
no quiere tomar
al amigo lápiz
si él te va a ayudar?

María Luisa Silva

Haz conexiones

¿Cuál de los poemas te recuerda algo que tú imaginaste? Comenta si tu predicción de la página 60 fue correcta.

BUSCAR EVIDENCIAS

Leer

Estrofas 4 y 5

Rima

Encierra en un círculo las palabras que riman en las dos últimas estrofas. ¿Qué versos riman en cada una?

____

Versos 13 a 20

Punto de vista

¿Por qué la poeta piensa que el lápiz es tu amigo?

____

____

Releer

Técnica de la autora

¿Qué le invita a hacer la poeta al lector? Respalda tu respuesta con evidencias del texto.

Vocabulario

A partir de las oraciones, conversa con un compañero acerca de cada palabra. Luego, responde las preguntas.

armonía

Hay **armonía** de colores en la pintura de Julia.

¿Qué puede tener armonía?

____

____

brinco

Di un **brinco** de alegría al pensar adónde iría en mis vacaciones.

¿Por qué razón darías un brinco?

____

____

Palabras interesantes En tu cuaderno de escritura, escribe la definición de una palabra interesante que hayas leído en un poema.

imaginación

En su **imaginación**, Elisa es astronauta.

¿Qué te gusta dibujar usando la imaginación?

____

____

poeta

Mi abuela dice que nuestro vecino es un gran **poeta**.

¿Cuál es el trabajo de un poeta?

____

____

Términos de poesía

estrofa

El poema tiene cuatro **estrofas**.

¿De qué están formadas las estrofas?

____

____

mensaje

El poeta compartió su **mensaje** sobre el uso de la imaginación.

¿Qué mensaje hay en tu poema favorito?

____

____

metáfora

"Borreguitos que no balan" es una **metáfora** que describe las nubes.

Escribe una metáfora que te describa.

____

____

versos repetidos

A veces los poetas usan **versos repetidos**. El mismo verso aparece al menos dos veces en un poema.

¿Por qué se usan los versos repetidos?

____

____

Metáforas

Una metáfora compara dos cosas diferentes sin utilizar la palabra *como*.

BUSCAR EVIDENCIAS

En "Acuarela", la poeta compara el sol con un globo. La metáfora es "un globo que vuela y vuela".

De mi caja de acuarela
salieron muy tempranito
un globo que vuela y vuela
y un cielo azul muy clarito.

Tu turno Completa la oración para crear una metáfora.

El corredor es ____________________ al pasar a toda velocidad.

En "Sé de un pintor atrevido", la frase *el agua ronca del mar* es una metáfora. ¿Por qué el poeta usó esta metáfora? Escribe la respuesta en tu cuaderno de escritura.

Releer | LECTURA COMPARTIDA

Rima

Las palabras que riman deben terminar con el mismo sonido. Los poetas usan la rima y el ritmo para dar emoción al poema.

BUSCAR EVIDENCIAS

Cuando leo en voz alta "Sé de un pintor atrevido" en la página 61, escucho la rima. Las palabras que riman ayudan a que el poema suene como una canción.

Página 61

Sé de un pintor atrevido
que sale a pintar contento
sobre la tela del viento
y la espuma del olvido.

Las palabras *atrevido* y *olvido* riman. También riman *contento* y *viento*. Cuando rima, el poema es más divertido de recitar.

Acuérdate

Al leer poemas, presta atención a la última palabra de cada verso. Esto te ayudará a identificar los versos que riman en el poema.

COLABORA

Tu turno Sigue leyendo en voz alta el poema de la página 61. Identifica otras palabras que riman.

____

____

Estrofas

Un poema con rima tiene palabras que terminan con el mismo sonido al final de algunos versos. Tiene un ritmo regular y repetitivo. Los versos pueden estar organizados en grupos que se llaman estrofas.

De lectores a escritores

Una estrofa es una buena manera de organizar ideas en un poema. Puedes agrupar versos que hablen sobre una idea en cada estrofa.

BUSCAR EVIDENCIAS

Veo que "Sé de un pintor atrevido" es un poema con rima porque hay pares de palabras que riman al final de los versos de las estrofas.

Página 61

Sé de un pintor atrevido

Sé de un pintor atrevido
que sale a pintar contento
sobre la tela del viento
y la espuma del olvido.

Yo sé de un pintor gigante,
el de divinos colores,
puesto a pintarle las flores
a una corbeta mercante.

Yo sé de un pobre pintor
que mira el agua al pintar,
el agua ronca del mar,
con un entrañable amor.

José Martí

Una **estrofa** es un grupo de versos en un poema. En la primera estrofa riman los versos primero y cuarto y riman los versos segundo y tercero.

COLABORA

Tu turno Vuelve a leer *"Acuarela"* en la página 60. Comenta cómo la poeta divide el poema en estrofas. ¿Qué versos riman en cada estrofa?

____

____

____

Punto de vista

La manera en que el escritor de un poema expresa sus pensamientos o sentimientos sobre algo es el punto de vista del poeta.

BUSCAR EVIDENCIAS

Cuando leo "Tu amigo" en las páginas 62 y 63, me pregunto por el punto de vista de la poeta.

Personaje	Clave	Punto de vista
poeta	Dibujar figuras/ de lindas sirenas,/ de peces mojados/ y rientes ballenas.	La poeta expresa la alegría de dibujar con el lápiz; usa las palabras *lindas* y *rientes*.

COLABORA

Tu turno Vuelve a leer "Tu amigo" en las páginas 62 y 63. Completa el organizador gráfico para ayudarte a identificar el punto de vista de la poeta.

Acuérdate

Tomar notas acerca de lo que el autor dice o siente respecto a distintas cosas en el poema te ayudará a identificar su punto de vista.

Personaje	Clave	Punto de vista
poeta	Dibujar figuras/ de lindas sirenas,/ de peces mojados/ y rientes ballenas.	La poeta expresa la alegría de dibujar con el lápiz; usa las palabras *lindas* y *rientes*.

Responder a la lectura

COLABORA

Comenta la pregunta a continuación. Piensa cómo expresan sus ideas los poetas. Consulta tus notas y el organizador gráfico.

¿Cómo muestra cada poeta su punto de vista sobre la imaginación?

____

____

____

____

____

____

____

____

____

Acuérdate

Completa estas oraciones para organizar la evidencia del texto.

El poeta usa...

En "Acuarela"...

En "Sé de un pintor atrevido"...

En "Tu amigo"...

Enlace gramatical

A medida que escribes, recuerda usar mayúscula inicial en el título de cada poema. También recuerda que cuando mencionas el título de un poema en tu escrito, debes hacerlo entre comillas: "Acuarelas".

ESTUDIOS SOCIALES

Presentar información

Al prepararte para **presentar información** a un público, investiga fuentes visuales y de audio que puedas usar. Una fuente de audio puede ser una grabación de música o una entrevista. Una fuente visual puede ser un video o una presentación de diapositivas. ¿Qué otras fuentes visuales puedes usar?

____

____

Acuérdate

Puedes exhibir las pinturas o esculturas de un artista o pasar una grabación de la música del artista que elegiste. Recuerda hablar con claridad y usar lenguaje formal al contar de qué manera esos materiales representan la obra del artista.

COLABORA

Informe oral sobre arte local Con un compañero, investiga sobre un autor o artista de tu estado. Elige un poema, un cuento, una canción o una obra de arte de esa persona para compartir. Usa fuentes visuales o de audio para expresar tus ideas.

Elegí investigar a: ______________________________

Obra importante que investigaré: ______________________

____

____

____

Indica una fuente visual o auditiva para tu presentación.

____

____

wavebreakmedia/Shutterstock

Releer | TEXTO PRINCIPAL

Antología de literatura, páginas 536–538

Viaje divertido

¿Cuál es el punto de vista de la poeta sobre lo que se puede hacer con la imaginación?

COLABORA

Coméntalo Vuelve a leer el poema de la página 536. Comenta cómo se divierte la poeta en su viaje.

Cita evidencias Completa el diagrama con detalles de lo que pudo hacer la poeta con la imaginación.

Viaje con la imaginación

Detalle	Detalle	Detalle

Escribe El punto de vista de la poeta es que con la imaginación podemos ______________________________

____

Hacer inferencias

En este poema no se indica directamente que el viaje es imaginario, pero es probable que te hayas dado cuenta mientras leías. ¿Qué claves del poema te ayudaron a saber que se trata de un viaje imaginario?

Poema

¿Qué indican las metáforas sobre lo que el poeta opina de la poesía?

COLABORA

Coméntalo Vuelve a leer el poema de la página 538. Habla sobre las metáforas que usa el poeta.

Cita evidencias Explica qué significa el conjunto de metáforas que usa el poeta.

Combinar información

Piensa con qué compara el poeta un poema para comprender lo que siente y lo que piensa acerca de la poesía.

Metáforas	Significado

Escribe Las metáforas indican que para el poeta la poesía es

____

____

Responder a la lectura

COLABORA

Comenta la siguiente instrucción. Habla sobre lo que describe cada poeta en relación con la imaginación. Luego, responde la pregunta.

¿De qué modos muestran los poetas cómo se puede disfrutar con la imaginación?

____

____

____

____

____

____

____

____

Acuérdate

Completa estas oraciones para organizar la evidencia del texto.

El primer poema muestra...

El segundo poema muestra...

Con la imaginación podemos...

Mis lecturas

Elige un libro de poemas. Escribe en tu cuaderno de escritura el título, el autor y el género del libro. Escribe una nota de agradecimiento al autor de un poema que te haya gustado en la que cuentes por qué disfrutaste el poema y la conexión que haces entre el poema y tus propias experiencias.

Burrito

Antología de literatura, páginas 540–541

¿Cómo muestra la autora del poema su punto de vista sobre la pintura?

COLABORA

Coméntalo Vuelve a leer el poema de la página 540. Conversa sobre lo que dice la autora acerca de su dibujo.

Cita evidencias Escribe palabras y frases descriptivas del poema que te ayudan a entender qué es especial del retrato del burrito. ¿Se parece a un burrito de verdad?

Acuérdate

Las palabras descriptivas te ayudarán a imaginar cómo es el burrito.

Cómo dibujar un burrito	→	

Escribe La poeta escribe palabras descriptivas para mostrar

que ____

____

Nido de colores

¿Cómo usa el autor de "Nido de colores" las rimas para hacer al poema más interesante?

COLABORA

Coméntalo Vuelve a leer la página 541. Conversa acerca de los versos que riman y sobre lo que las rimas te hacen sentir.

Cita evidencias En la tabla, enumera los versos que riman. Al lado, escribe las palabras que riman en esos versos.

Acuérdate

Recuerda hacer una pausa al final de cada verso cuando lees poemas. Esto también te ayudará a escuchar las palabras que riman en el poema.

Versos que riman	Palabras que riman

Escribe Los versos que riman hacen que el poema sea interesante ______________________________

____

Ritmo y rima

El ritmo es un patrón de acentos en un poema. El ritmo puede hacer que un poema suene como una canción y sea interesante o divertido de leer.

Los poetas usan la repetición para dar ritmo. También usan versos que riman para agregar ritmo a los poemas.

BUSCAR EVIDENCIAS

Vuelve a leer el poema "Burrito" en la página 540. Hay una palabra que se repite muchas veces en el poema. Lee el poema en voz alta y presta atención al ritmo. Recuerda hacer una pausa al final de cada verso.

COLABORA

Tu turno Vuelve a leer el poema en voz alta con un compañero. Comenten cómo cambia el ritmo en cada estrofa. ¿Qué verso muestra un cambio de ritmo con respecto a los otros versos en cada estrofa?

____

____

____

____

De lectores a escritores

Anímate a jugar con el lenguaje a medida que escribes un poema con rima. Lee las palabras en voz alta para oír cómo suenan en conjunto. Prueba con diferentes palabras y oye cómo cambia el ritmo. Repite algunas palabras o frases y fíjate cómo suena el poema.

Integrar

HACER CONEXIONES

¿De qué modo el pintor del cuadro y la autora del poema "Burrito" usan la imaginación para ayudarte a ver las cosas de otra manera?

COLABORA

Coméntalo Conversa sobre lo que ves en la pintura. ¿Cómo te despierta la imaginación?

Cita evidencias En la leyenda, **subraya** los detalles que indican que el pintor usó la imaginación. Piensa en por qué quiso mostrar el arte de esta manera.

Escribe La poeta y el pintor usan la imaginación para ayudarme a ______________________________

____

____

____

____

____

____

Acuérdate

Completa estas oraciones para hablar sobre la pintura y los poemas.

La pintura del mar...

"Viaje divertido" me dio ideas nuevas sobre...

El autor de "Poema" me hizo pensar en la poesía como...

En esta pintura, las olas del mar rompen el cuadro y entran en el mundo real.

Expresión

Al leer un poema en voz alta, usa tu voz para expresar el punto de vista, o los sentimientos, de la persona que habla en el poema. Puedes cambiar la velocidad, el volumen y el tono de voz para mostrar cómo te hace sentir el poema. También puedes acentuar con tu voz los detalles importantes o sorprendentes.

Página 61

Sé de un pintor atrevido
que sale a pintar contento
sobre la tela del viento
y la espuma del olvido.

Uso mi voz y entonación para que este verso suene alegre.

Acuérdate

Muchas veces, los poemas con rima tiene un ritmo regular y repetitivo. Primero, lee una estrofa en voz baja para identificar el ritmo. Luego lee el poema en voz alta para expresar los pensamientos y los sentimientos del poeta con expresión.

COLABORA

Tu turno Con un compañero, lean por turnos "Tu amigo" en las páginas 62 y 63. Usa la voz para expresar los diferentes sentimientos que transmite el poema y para acentuar ideas interesantes o sorprendentes. Luego, piensa en cómo leíste. Completa estas oraciones.

Recordé ____

La próxima vez, ______________________________________

ESCRITURA

Texto modelo

Antología de literatura, páginas 536–538

Características de los poemas con rima

Los autores escriben poemas con rima para expresar sus pensamientos o sentimientos. Un poema con rima:

- tiene palabras que riman al final de algunos versos.
- puede tener un ritmo regular y repetitivo.
- puede tener palabras expresivas y detalles descriptivos.
- puede incluir lenguaje figurado, como metáforas.

gramatiNOTAS

En "Viaje divertido" la poeta usa el punto de vista de la primera persona con palabras como "me". Al usar la primera persona, parece que la autora le estuviera contando una experiencia propia al lector.

Analiza el texto modelo Estudiar "Viaje divertido" te ayudará a aprender a escribir un poema con rima. Vuelve a leer la página 536. Responde las siguientes preguntas.

¿Qué versos riman en cada estrofa de "Viaje divertido"?

____

____

¿Cómo expresa la poeta que el viaje es una fantasía?

____

____

Planificar: Lluvia de ideas

Genera ideas Escribirás un poema con rima sobre tu cuento favorito. Haz una lluvia de ideas sobre títulos y haz dibujos de personajes o sucesos de algunos de tus cuentos favoritos. Luego, elegirás un cuento de tu lista para escribir sobre él.

Acuérdate

Si tienes un diario de lectura, busca los títulos de tus cuentos favoritos. También puedes consultar los libros del salón o la biblioteca.

Planificar: Elige un tema

Instrucciones Escribe un poema con rima sobre uno de tus cuentos favoritos. Describe lo que dice y hace el personaje principal. Consulta la lista de títulos de cuentos que anotaste en la página 81 para elegir tu tema. Completa estas oraciones como punto de partida.

El título de mi cuento favorito es ______________________________

____

El personaje principal es ____________________________________

____

Me gusta este cuento porque _________________________________

____

Propósito y público Los autores suelen escribir poemas con rima para contar qué sienten sobre un tema. Es posible que quieran que el público sienta lo mismo que ellos. Piensa por qué este cuento es uno de tus favoritos. En tu cuaderno de escritura, explica tu propósito al escribir tu poema sobre este cuento.

Acuérdate

A menudo, tu público o tus lectores incluyen a tus compañeros o familiares. Piensa en cómo puedes incluir la rima en un poema para que tus ideas sean divertidas e interesantes para ellos.

Planificar: Selección de palabras

Palabras expresivas Los poetas usan palabras expresivas para ayudar a los lectores a imaginar lo que describen. Las palabras expresivas también los ayudan a expresar sus pensamientos y sentimientos a los lectores. Por ejemplo, *ardiente* es una palabra más expresiva que *caliente*.

Busca palabras expresivas en "Viaje divertido" y "Poema". Completa la tabla.

Acuérdate

Piensa en palabras que describen a los personajes, el ambiente y los sucesos. Puedes consultar un diccionario para buscar las palabras precisas para tu poema.

Poemas	Palabras expresivas
"Viaje divertido"	
"Poema"	

Planificar En tu cuaderno de escritura, haz una tabla de elección de palabras para tu poema. Anota palabras que te ayuden a imaginar ideas importantes del poema.

Hacer un borrador

Rima y ritmo Los poetas usan la rima para que sus poemas sean divertidos de leer. La rima también da ritmo y hace que el poema sea musical. En la estrofa de "Sé de un pintor atrevido", une con líneas las palabras que riman. Lee la estrofa en voz alta, dando una palmada en cada sílaba para identificar el ritmo.

> Yo sé de un pobre pintor
> que mira el agua al pintar,
> el agua ronca del mar,
> con un entrañable amor.

Usa esta estrofa como modelo para escribir el borrador.

____

____

____

Haz un borrador Mira la tabla de elección de palabras que hiciste. Usa la tabla como guía para escribir un borrador de tu poema con rima en tu cuaderno de escritura.

Acuérdate

Un poema con rima puede tener una oración en cada verso o en más de un verso. Suele haber un signo de puntuación al final de cada oración del poema.

Sergei Kolesnikov/Shutterstock

Revisar

Detalles Los poetas agregan detalles a sus poemas para que los lectores entiendan mejor sus ideas y sentimientos. Observa la estrofa de "Tu amigo" a continuación. **Encierra en un círculo** el detalle que te ayuda a imaginar la primavera.

Escribir mil cuentos
de variados temas,
dibujar las flores
de la primavera.

Revisar Es el momento de revisar tu borrador. Asegúrate de que tu poema tiene versos que riman y un ritmo regular y repetitivo. Identifica partes del poema en las que podrías agregar detalles importantes.

Enlace gramatical

Las frases preposicionales pueden funcionar como adjetivos o adverbios para agregar detalles a un poema. En "Tu amigo", la frase "de variados temas" agrega detalles sobre los cuentos.

tecnoNOTAS

Si escribes en una computadora, es fácil mover oraciones o frases de lugar. Al revisar, usa las funciones "cortar" y "pegar" para cambiar de lugar detalles del texto.

Revisar: Charlas entre compañeros

COLABORA

Revisión del borrador Escucha con atención mientras tu compañero lee su texto en voz alta. Comenta lo que te gustó del borrador. Haz sugerencias que ayuden a mejorar su texto.

Sugerencias de compañeros Escribe una de las sugerencias de tu compañero que aplicarás en la revisión de tu poema.

A partir de la sugerencia de mi compañero, voy a ______________

____

Después de hacer sugerencias, comenten su charla entre compañeros. ¿Qué fue útil? ¿Qué podrían hacer de otra manera la próxima vez?

____

____

Revisión Consulta la lista de verificación de Comprobar la revisión para pensar qué partes debes modificar, añadir o eliminar. Recuerda consultar las pautas de calificación de la página 89 como ayuda.

Acuérdate

Completa estas oraciones para comentar el trabajo de tu compañero.

Las palabras que dan detalles me ayudaron a...

Puedes añadir más palabras que rimen, como...

Creo que el ritmo...

Comprobar la revisión

- ☐ ¿Incluí el título de mi cuento favorito?
- ☐ ¿Incluí detalles?
- ☐ ¿Tiene mi poema rima y ritmo?
- ☐ ¿Está escrito en versos y tiene una o más estrofas?

Corregir

Al **corregir** tu texto, buscas errores y los enmiendas. Si lees un borrador varias veces, estarás seguro de no pasar por alto ningún error. Consulta la lista de verificación de Comprobar la corrección al revisar tu poema.

Comprobar la corrección

- ☐ ¿Comienzan todas las oraciones con mayúscula y tienen los signos de puntuación adecuados?
- ☐ ¿Se usan correctamente los adverbios que indican tiempo y lugar?
- ☐ ¿Están las palabras escritas correctamente?
- ☐ ¿Se usa la mayúscula para los nombres propios, los lugares y los títulos de los poemas o cuentos?
- ☐ ¿Se usan las preposiciones y las frases preposicionales correctamente?

Escribe dos errores que hayas encontrado al corregir tu texto.

1. ______________________________

____

2. ______________________________

____

tecnoNOTAS

Si estás escribiendo en la computadora, presiona la tecla "enter" para ir al siguiente renglón. Presiona la tecla dos veces para comenzar en una nueva estrofa.

Enlace gramatical

Al corregir, asegúrate de que la puntuación que usaste en el poema sea correcta y le dé ritmo. Otras palabras que pueden darle ritmo al poema son los adverbios que indican tiempo y los que indican lugar, sobre todo cuando son palabras cortas (*ayer, jamás, aquí, allá,* etc.).

Publicar, presentar y evaluar

Publicación Crea una copia final, limpia y sin errores de tu poema con rima. Cuando escribas tu borrador final, asegúrate de que sea prolijo y legible. Puedes agregar ilustraciones u otros elementos visuales para hacer más interesante tu poema publicado.

Presentación Cuando estés listo para presentar tu trabajo, ensaya tu presentación. Consulta la lista de verificación de Comprobar la presentación.

Evaluación Después de publicar y presentar tu poema, lee las pautas de calificación para evaluarlo.

1. ¿Qué te quedó bien en tu texto? ______________________

____

____

2. ¿Qué partes requieren más trabajo? ______________________

____

____

Comprobar la presentación

- ☐ Siéntate o párate erguido.
- ☐ Mira a diferentes personas del público.
- ☐ Habla a un volumen lo suficientemente alto para que todos te escuchen.
- ☐ Lee tu poema con expresión.
- ☐ Sigue el ritmo al leer el poema.

Escuchar Al escuchar activamente, prestas atención a lo que oyes. Cuando escuches las presentaciones de otros estudiantes, toma notas que te ayuden a comprender sus ideas.

De la presentación de ....

aprendí: ____

Preguntas que tengo acerca de la presentación de

.... :

____

____

____

Saber escuchar

- ☐ Mira a la persona que habla.
- ☐ Sonríe para mostrar que estás escuchando y disfrutando el poema.
- ☐ Presta atención al ritmo del poema.
- ☐ Identifica detalles interesantes del poema.
- ☐ Piensa en comentarios útiles.

4	3	2	1
• Se centra con claridad en el tema del poema. • Incluye muchos detalles. • Incluye versos con rima que dan un ritmo regular y repetitivo. • Tiene pocos errores, o ninguno.	• En su mayor parte, se centra en el tema. • Incluye algunos detalles. • Incluye versos con rima y algo de ritmo repetitivo. • Tiene algunos errores.	• Se centra un poco en el tema. • Incluye unos pocos detalles. • La rima y el ritmo son poco claros o inconsistentes. • Hay varios errores que distraen la atención del significado del poema.	• No se centra en el tema. • No incluye detalles. • No hay ritmo ni rima. • Hay muchos errores que hacen que el poema sea difícil de leer.

Repaso en espiral

En la Unidad 6, aprendiste nuevas destrezas y estrategias que te ayudarán a leer y comprender textos. Es hora de practicar lo que aprendiste.

- **Claves en el párrafo**
- **Modismos**
- **Problema y solución**
- **Tema**
- **Gráficas de barras**
- **Elementos de una obra de teatro**

Conectar con el contenido

- **Guía de instrucciones**
- **Artículo en línea**
- **Leer en línea**

Lee la selección y elige la mejor respuesta a cada pregunta.

PLANEAR UNA PROFESIÓN

1 ¿Cómo eligen las personas maneras de ganar dinero al hacerse adultas? Algunas eligen los mismos trabajos que sus padres. Algunas deciden convertirse en algo que implica estudiar durante mucho tiempo. Otras tienen trabajos diferentes a lo largo de los años.

2 Ana eligió ser arquitecta. Los arquitectos planifican y diseñan casas, edificios y otras estructuras. Determinan cuánto tiempo llevará una construcción y lo que costará.

3 Cuando Ana era chica, armaba casas y edificios con sus juguetes. Soñaba con dar a todas las personas un hogar. Al crecer, se dio cuenta de que la mejor manera de hacer eso era convertirse en arquitecta.

StockbrokerXtra/Glow Images

4 Ana estudió mucho, hizo prácticas y tomó un examen para obtener una licencia como arquitecta. Cuando tuvo la licencia, Ana encontró un trabajo. Ahora ahorra dinero y espera ganar suficiente para diseñar su propia casa algún día.

5 Los arquitectos suelen trabajar en oficinas, pero también visitan las obras de construcción. Algunos trabajan por su cuenta. La cantidad de dinero que ganan puede <u>variar</u> según para quién trabajen. Es importante dónde trabajan y durante cuánto tiempo.

6 Muchos arquitectos trabajan para grandes compañías. En general, los que trabajan en San Francisco y California son los que tienen mejores salarios. Tener determinadas habilidades también ayuda a que un arquitecto gane más.

7 Ana está contenta con su elección. Le gusta diseñar edificios. El trabajo es difícil, pero la mantiene ocupada y entusiasmada. Además, está ahorrando. ¡Está cada vez más cerca de crear la casa de sus sueños!

Usos del dinero de Ana

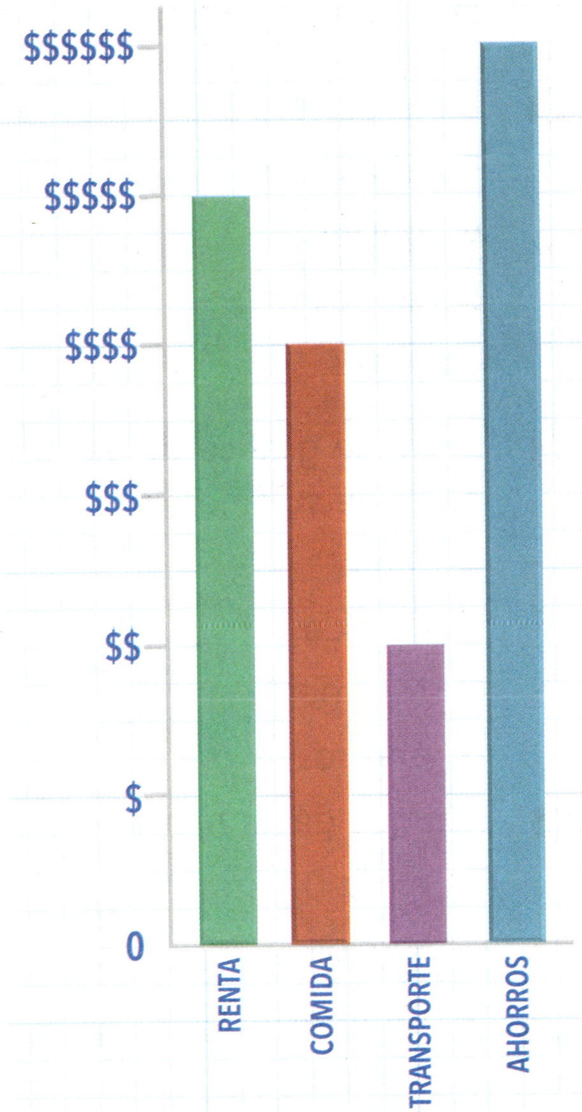

LO QUE APRENDISTE

1. Ana quería ayudar a las personas a tener un hogar...
   - **A** convirtiéndose en arquitecta.
   - **B** estudiando durante mucho tiempo.
   - **C** ayudando a otros a obtener su licencia.
   - **D** leyendo un libro sobre arquitectura.

2. En el párrafo 5, la palabra *variar* significa...
   - **F** planificar.
   - **G** gastar.
   - **H** cambiar.
   - **J** hacer.

3. Según la gráfica de barras, ¿qué uso da Ana a la mayor parte de su dinero?
   - **A** renta
   - **B** comida
   - **C** transporte
   - **D** ahorros

4. ¿En qué gasta menos dinero Ana?
   - **F** renta
   - **G** comida
   - **H** transporte
   - **J** ahorros

Acuérdate

Una gráfica de barras es un tipo de imagen que da información sobre el valor de diferentes grupos de cosas. El título describe lo que muestra la gráfica. Los rótulos en la parte de abajo indican lo que representan las barras.

Lee la selección y elige la mejor respuesta a cada pregunta.

El conejo en la luna

Esta obra se basa en un mito azteca.

Narrador: Como todos saben, Quetzalcóatl es el más poderoso de los dioses. Un día, el dios se disfrazó de hombre. Y salió a pasear por el campo.

Quetzalcóatl: ¡Qué hermoso es mi mundo! ¡Qué bellas estrellas! ¡Qué hermosa luna llena!

Narrador: El poderoso dios se sentía fatigado. Tenía hambre. Pero continuó su paseo. Se hizo de noche.

Quetzalcóatl: ¡He caminado mucho! Me siento cansado. Voy a descansar a la orilla del camino.

Narrador: Mientras descansaba, Quetzalcóatl vio a un conejito que había salido a cenar.

Quetzalcóatl: ¿Qué comes, conejito?

LO QUE APRENDISTE

Conejo: Estoy comiendo hierbas. ¿Quieres un poco?

Quetzalcóatl: Gracias, pero yo no como hierbas.

Conejo: ¿Y entonces? ¿Qué vas a comer?

Quetzalcóatl: No sé... tengo mucha hambre y sed.

Conejo: Solo soy un conejito. Pero te daré una mano.

Narrador: El conejo desapareció. Pronto volvió con una rica mazorca de maíz.

Quetzalcóatl: ¡Gracias! ¡Qué sabrosa! Solo eres un conejito, pero todo el mundo te recordará. Para siempre.

Narrador: Quetzalcóatl lo tomó de las patas. Lo alzó hasta la Luna. Y ahí quedó su imagen.

Quetzalcóatl: Este es tu retrato en la Luna. Las personas te verán siempre.

Narrador: Desde ese día, si ven la Luna, verán la silueta del generoso conejo.

1 ¿Qué texto te ayuda a comprender mejor el ambiente de la obra de teatro?

A el texto de Quetzalcóatl
B el texto del conejo
C el texto del narrador
D el texto del título

2 ¿Qué significan las palabras del conejo "te daré una mano"?

F Toma mi mano.
G Te daré hierbas.
H Te ayudaré.
J No puedo ayudarte.

3 ¿Qué aprendes sobre el conejo en el diálogo?

A Es generoso.
B Es tímido.
C No le gusta el regalo de Quetzalcóatl.
D Es interesado.

4 ¿Qué enunciado describe un tema principal de la obra de teatro?

F El mundo está lleno de lugares lindos.
G Debemos descansar bien si nos disponemos a dar largas caminatas.
H Las mazorcas de maíz son muy sabrosas.
J Nuestras acciones siempre tienen algún resultado.

Acuérdate

El tema no es lo mismo que la trama. El tema es el mensaje principal del escritor. En una obra de teatro como esta, puedes reconocer el tema prestando atención a lo que el texto revela, o muestra, sobre los personajes y sobre la vida.

AMPLÍA LO QUE APRENDISTE

Comparar géneros

Vuelve a leer el texto expositivo "Locura por el dinero" en las páginas 494 a 513 de la **Antología de literatura.**

- ¿Cómo te ayuda el autor a comprender que el valor del dinero puede variar en diferentes países?

____

____

Repasa el mito "El rey Midas y el toque dorado" en las páginas 514 y 515 de la **Antología de literatura.**

- ¿Qué mensaje expresa el mito sobre desear demasiadas riquezas?

____

____

Comenta cómo los autores del texto expositivo y el mito muestran de qué forma pueden actuar las personas cuando necesitan o desean algo. Luego, completa el organizador gráfico de la página 97 para mostrar en qué se parecen y se diferencian los dos géneros.

Locura por el dinero | Parecidos | "El rey Midas y el toque dorado"

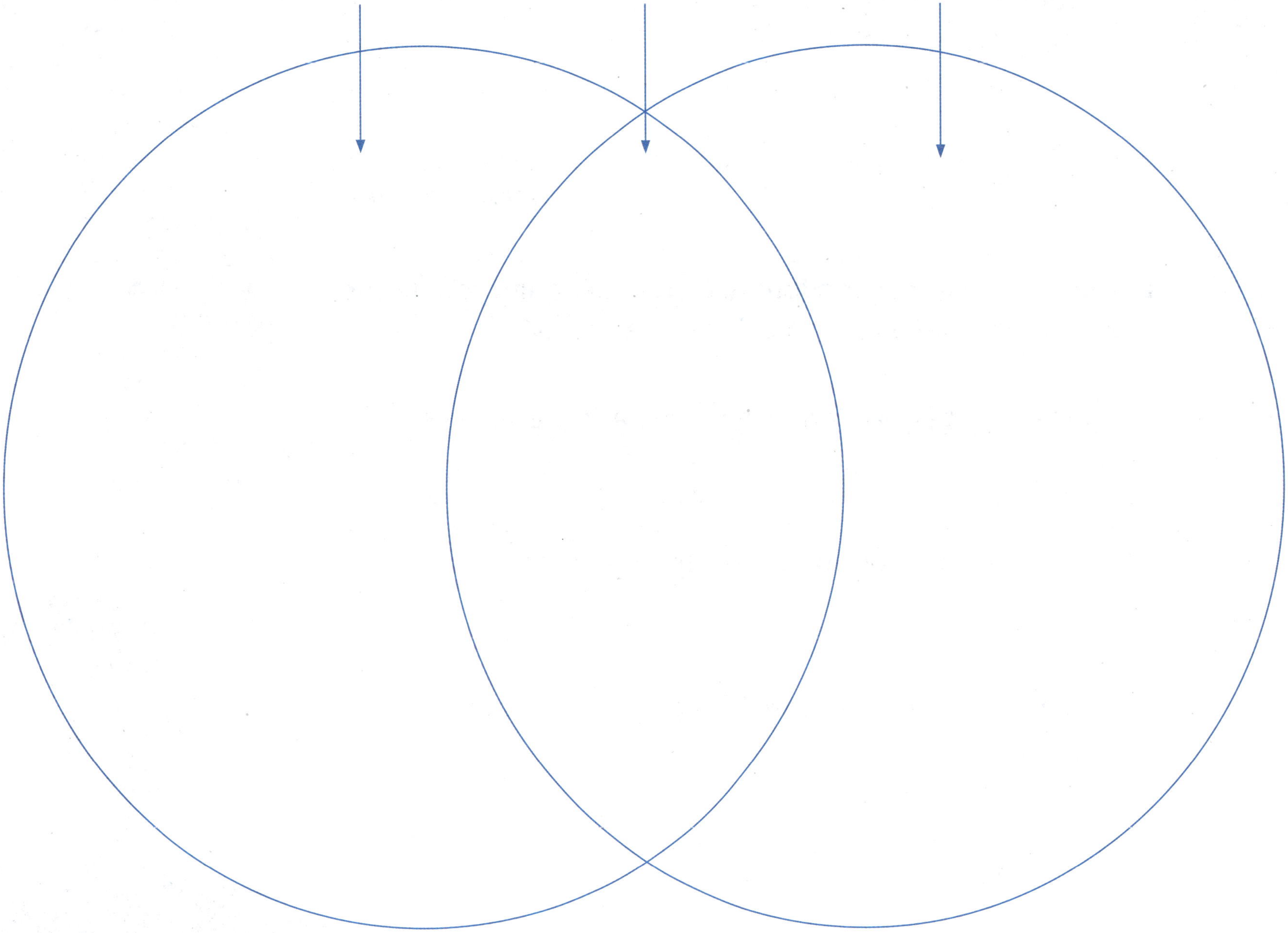

AMPLÍA LO QUE APRENDISTE

Modismos

Un modismo es un grupo de palabras que, en conjunto, tienen un significado especial. En la oración "Este problema es pan comido", "es pan comido" significa "es fácil de resolver".

durmió	desapareció	se equivocó	se preocupa mucho innecesariamente

Lee las oraciones con modismos. Escribe el significado de cada modismo subrayado usando el banco de palabras.

1. Él metió la pata al contar que habría fiesta sorpresa.

   ____

2. Cuando llegó el perro, el gato se hizo humo.

   ____

3. Silvia se ahoga en un vaso de agua por una pequeñez.

   ____

4. El bebé no pegó ojo en toda la noche.

   ____

Acuérdate

Los modismos suelen usarse en las conversaciones cotidianas. No puedes comprender un modismo por el significado de las palabras por separado. Consulta un diccionario o una fuente de referencia en línea para aprender los significados de los modismos.

Ingram Publishing

Escribir una guía de instrucciones

COLABORA

Las instrucciones describen de qué forma hacer algo. Al escribir o al seguir instrucciones, es importante prestar atención a:

- los pasos a seguir, uno a uno, en el orden correcto.
- números o palabras, como *primero, luego* y *por último,* que muestran el orden de los pasos.

Pide a un compañero que te lea las instrucciones de abajo. Sigue las instrucciones. Luego, intercambien los roles.

1. Toma 3 o 4 papeles.
2. Junta los papeles y dóblalos por la mitad.
3. Agujerea los papeles cerca del borde por el que los doblaste.
4. Pasa un lazo o una cuerda por cada agujero.
5. Ata los lazos o las cuerdas. ¡Hiciste una guía!

CIENCIAS

Acuérdate

Para hacer la guía, necesitarás:

- cualquier tipo de papel
- un pedazo de cartulina para la portada (opcional)
- agujereadora
- lazo o cuerda
- rotuladores, lápices de colores y crayones

Usa la guía para escribir instrucciones en las que digas cómo cuidar las plantas. Lee las instrucciones a un compañero. Pídele que repita las instrucciones con sus palabras. Asegúrate de que la secuencia de acciones sea clara.

AMPLÍA LO QUE APRENDISTE

ESTUDIOS SOCIALES

Artículo en línea

Escribe un artículo en línea sobre maneras en que los niños pueden ganar y ahorrar dinero.

- Escribe notas sobre al menos tres maneras en que los niños pueden ganar dinero.
- Escribe notas sobre al menos tres maneras en que los niños pueden ahorrar el dinero que ganan.
- Organiza tus notas en detalles importantes que respalden la idea principal.
- Escribe una oración que muestre el tema de tu artículo.
- Usa tus notas para escribir el artículo.

Escribe una oración que resuma la información de tu artículo.

____

____

COLABORA

Comparte tu artículo con un compañero. Comenten cómo añadir más información. ¿Servirá un dibujo o una tabla? ¿En qué se parece un artículo en línea al artículo de una revista? ¿En qué se diferencia?

Acuérdate

Antes de escribir tu artículo, mira algunos artículos en internet. Observa cómo se organiza la información. Decide quién será tu público: ¿niños? ¿padres? ¿ambos? Escribe un título para tu artículo.

Susurros de ballena

CIENCIAS

COLABORA

Entra en **my.mheducation.com**. Vuelve a leer el artículo en línea "Susurros de ballena". Mira la información que se encuentra en los elementos interactivos. Responde las siguientes preguntas.

- ¿Qué ciclo siguen siempre las yubartas?

____

____

- ¿Por qué las crías susurran a sus madres cuando nadan?

____

____

- ¿Cómo te das cuenta de que "Susurros de ballena" es un texto digital? ¿Qué elementos te ayudan a saberlo?

____

____

____

____

Susurros de ballena

Las yubartas, o ballenas jorobadas, son expertas en comunicación. Los seres humanos aprendemos cada vez más sobre estos animales sociales.

Time for Kids: "Susurros de ballena"

Acuérdate

Los textos digitales suelen tener elementos en los que puedes hacer clic o sobre los que puedes navegar para obtener más información sobre el tema. Busca elementos que te ayudan a entender que la selección es un texto digital.

Bryce Flynn/Getty Images

EVALÚA TU PROGRESO

¿Qué aprendiste?

Evalúa las destrezas que aprendiste en esta unidad. Encierra en un círculo tus calificaciones en la tabla.

	Excelente	Buena	Regular	Necesita mejorar
Claves en el párrafo	4	3	2	1
Modismos	4	3	2	1
Problema y solución	4	3	2	1
Tema	4	3	2	1
Gráficas de barras	4	3	2	1
Elementos de una obra de teatro	4	3	2	1

¿Qué quieres mejorar? ______________________________

____

____

El texto y tú Piensa en los textos que leíste en esta unidad. Conversa con un compañero sobre una conexión personal que hayas hecho con uno de los textos. Completa esta oración como ayuda.

Hice una conexión con. . . porque. . .

Integrar | BÚSQUEDA E INVESTIGACIÓN

Presentar el trabajo

COLABORA

Planea con tu compañero la presentación del informe oral a la clase. Comenten las oraciones de abajo antes de escribir sus respuestas.

Aprender sobre autores y artistas locales es importante porque

____

____

Me gustaría saber más acerca de ______________________

____

____

____

Acuérdate

Mientras planifican la presentación, habla de forma educada con tu compañero. Pregúntense cuál es la mejor forma de presentar la información.

Comprobar la presentación

- ☐ Practica con tu compañero frente a un amigo.
- ☐ Si el informe oral tiene instrucciones, indica con claridad cómo seguirlas.
- ☐ Párate erguido y mira al público.
- ☐ Al exponer tus ideas, básate en las ideas que presentó tu compañero.